섬진강

창비시선 46
섬진강

초판 1쇄 발행 / 1985년 1월 5일
개정1판 1쇄 발행 / 1993년 9월 10일
개정1판 17쇄 발행 / 2000년 5월 15일
개정2판 1쇄 발행 / 2000년 9월 10일
개정2판 36쇄 발행 / 2025년 3월 10일

지은이 / 김용택
펴낸이 / 염종선
펴낸곳 / (주)창비
등록 / 1986년 8월 5일 제85호
주소 / 10881 경기도 파주시 회동길 184
전화 / 031-955-3333
팩시밀리 / 영업 031-955-3399 편집 031-955-3400
홈페이지 / www.changbi.com
전자우편 / lit@changbi.com

ISBN 978-89-364-2046-8 03810

섬진강

김용택 시집

창비

차 례

제 1 부

제2부

제3부

제 1 부

섬진강 1

가문 섬진강을 따라가며 보라
퍼가도 퍼가도 전라도 실핏줄 같은
개울물들이 끊기지 않고 모여 흐르며
해 저물면 저무는 강변에
쌀밥 같은 토끼풀꽃,
숯불 같은 자운영꽃 머리에 이어주며
지도에도 없는 동네 강변
식물도감에도 없는 풀에
어둠을 끌어다 죽이며
그을린 이마 훤하게
꽃등도 달아준다
흐르다 흐르다 목메이면
영산강으로 가는 물줄기를 불러
뼈 으스러지게 그리워 얼싸안고
지리산 뭉툭한 허리를 감고 돌아가는
섬진강을 따라가며 보라
섬진강물이 어디 몇놈이 달려들어
퍼낸다고 마를 강물이더냐고,

지리산이 저문 강물에 얼굴을 씻고
일어서서 껄껄 웃으며
무등산을 보며 그렇지 않느냐고 물어보면
노을 띤 무등산이 그렇다고 훤한 이마 끄덕이는
고갯짓을 바라보며
저무는 섬진강을 따라가며 보라
어디 몇몇 애비 없는 후레자식들이
퍼간다고 마를 강물인가를.

섬진강 2

저렇게도 불빛들은 살아나는구나.
생솔 연기 눈물 글썽이며
검은 치마폭 같은 산자락에
몇 가옥 집들은 어둠속으로 사라지고
불빛은 살아나며
산은 눈뜨는구나.
어둘수록 눈 비벼 부릅뜬 눈빛만 남아
섬진강물 위에 불송이로 뜨는구나.

밤마다 산은 어둠을 베어내리고
누이는 매운 눈 비벼 불빛 살려내며
치마폭에 쌓이는 눈물은
강물에 가져다 버린다.
누이야 시린 물소리는 더욱 시리게
아침이 올 때까지
너의 허리에 두껍게 감기는구나.

이른 아침 어느새

너는 물동이로 얼음을 깨고
물을 퍼오는구나.
아무도 모르게
하나 남은 불송이를
물동이에 띄우고
하얀 서릿발을 밟으며
너는 강물을 길어오는구나.

참으로 그날이 와
우리 다 모여 굴뚝마다 연기나고
첫날밤 불을 끌 때까지는,
스스로 허리띠를 풀 때까지는
너의 싸움은, 너의 정절은
임을 향해 군구나.

섬진강 3

그대 정들었으리.
지는 해 바라보며
반짝이는 잔물결이 한없이 밀려와
그대 앞에 또 강 건너 물가에
깊이 깊이 잦아지니
그대, 그대 모르게
물 깊은 곳에 정들었으리.
풀꽃이 피고 어느새 또 지고
풀씨도 지고
그 위에 서리 하얗게 내린
풀잎에 마음 기대며
그대 언제나 여기까지 와 섰으니
그만큼 와서 해는 지고
물 앞에 목말라 물 그리며
서러웠고 기뻤고 행복했고
사랑에 두 어깨 깊이 울먹였으니
그대 이제 물 깊이 그리움 심었으리.
기다리는 이 없어도 물가에서

돌아오는 저녁길
그대 이 길 돌멩이, 풀잎 하나에도
눈익어 정들었으니
이 땅에 정들었으리.
더 키워나가야 할
사랑 그리며
하나둘 불빛 살아나는 동네
멀리서 그윽이 바라보는
그대 야윈 등,
어느덧
아름다운 사랑 젊어졌으리.

섬진강 4

누님의 초상

누님. 누님들 중에서 유난히 얼굴이 희고 자태가 곱던 누님. 앞산에 달이 떠오르면 말수가 적어 근심 낀 것 같던 얼굴로 달그늘진 강 건너 산속의 창호지 불빛을 마룻기둥에 기대어 서서 하염없이 바라보고 서 있던 누님. 이따금 수그린 얼굴 가만히 들어 달을 바라보면 달빛이 얼굴 가득 담겨지고, 누님의 눈에 금방이라도 떨어질 듯 그 그렁그렁한 눈빛을 바라보며 나는 누님이 울고 있다고 생각했었지요. 왠지 나는 늘 그랬어요. 나는 누님의 어둔 등에 기대고 싶은 슬픔으로 이만치 떨어져 언제나 서 있곤 했지요. 그런 나를 어쩌다 누님이, 누님의 가슴에 꼭 껴안아주면 나는 누님의 그 끝없이 포근한 가슴 깊은 곳이 얼마나 아늑했는지 모릅니다. 나를 안은 누님은 먼 달빛을 바라보며 내 등을 또닥거려 잠재워주곤 했지요. 선명한 가르맛길을 내려와 넓은 이마의 다소곳한 그늘, 그 그늘을 잡을 듯 잡을 듯 나는 잠들곤 했지요.

징검다리에서 자욱하게 죽고 사는 달빛, 이따금 누님은 그 징검다리께로 눈을 주며 누군가를 기다리는 듯했지요.

강 건너 그늘진 산속에서 산자락을 들추며 걸어나와 달빛 속에 징검다리를 하나둘 건너올 누군가를 누님은 기다리듯 바라보곤 했지요.

그러나 누님. 누님이 그 잔잔한 이마로 기다리던 것은 그 누구도 아니라는 것을, 누님 스스로 징검다리를 건너 산자락을 들추고 산그늘 속으로 사라진 후 영영 돌아오지 않을 세월이 흐른 후, 나도 누님처럼 마룻기둥에 기대어 얼굴에 달빛을 가득 받으며 불빛이 하나둘 살아나고 사라지는 것을 바라보며 누님이 그렇게나 기다리던 것은 그 누구도 아니며 그냥 흘러가는 세월과 흘러오는 세월이었다는 것을 알게 되기까지, 나도 얼마나 많은 아름다운 것들과 헤어져 캄캄한 어둠속을 헤매이며 아픔과 괴로움을 겪었고 그보다 더 아름다운 것들과 만나고 또 무엇인가를 기다렸는지요. 아름다운 것들이 얼마나 아픔과 슬픔인지요 누님.

누님, 누님의 세월, 그 세월을, 아름답고 슬픈 세월을 지금 나도 보는 듯합니다.

누님, 오늘도 그렇게 달이 느지막이 떠오릅니다. 달그늘진 어둔 산자락 끝이 누님의 치마폭같이 기다림의 세월인 양 펄럭이는 듯합니다. 강변의 하얀 갈대들이 누님의 손짓인 양 그래그래 하며 무엇인가를 부르고 보내는 듯합니다. 하나둘 불빛이 살아났다 사라지면서 달이 이만큼 와 앞산 얼굴이 조금씩 들춰집니다. 아, 앞산, 앞산이 훤하게 이마 가까이 다가옵니다. 누님, 오늘밤 처음으로 불빛 하나 다정하게 강을 건너와 내 시린 가슴속에 자리잡아 따사롭게 타오릅니다. 비로소 나는 누님의 따뜻한 세월이 되고, 누님이 가르쳐준 그 그리움과 기다림과 아름다운 바라봄이 사랑의 완성을 향함이었고 그 사랑은 세월의 따뜻한 깊이를 눈치챘을 때 비로소 완성되어간다는 것을 알았습니다. 누님, 오늘밤 불빛 하나 오래오래 내 가슴에 남아 타는 뜻을 알겠습니다. 누님, 누님은 차가운 강 건너온 사랑입니다. 많은 것들과 헤어지고 더 많은 것들과 만나기 위하여, 오늘밤 나는 사랑 하나를 완성하기 위하여 그 불빛을 따뜻이 품고 자려 합니다. 누님이 만나고 헤어진 사랑을 사랑하며 기다렸듯 그런 세월, 그 정겨운 세월…… 누님의 초상을 닦아 달빛을 받아 강 건너 한자락 어둔 산속을 비춰봅니다.

섬진강 5

삶

이 세상
우리 사는 일이
저물 일 하나 없이
팍팍할 때
저무는 강변으로 가
이 세상을 실어오고 실어가는
저무는 강물을 바라보며
팍팍한 마음 한끝을
저무는 강물에 적셔
풀어 보낼 일이다.
버릴 것 다 버리고
버릴 것 하나 없는
가난한 눈빛 하나로
어둑거리는 강물에
가물가물 살아나
밤 깊어질수록
그리움만 남아 빛나는
별들같이 눈떠 있고,

짜내도 짜내도
기름기 하나 없는
짧은 심지 하나
강 깊은 데 박고
날릴 불티 하나 없이
새벽같이 버티는
마을 등불 몇 등같이
이 세상을 실어오고 실어가는
새벽 강물에
눈곱을 닦으며,
우리 이렇게
그리운 눈동자로 살아
이 땅에 빚진
착한 목숨 하나로
우리 서 있을 일이다.

섬진강 6

억새풀

물들은 스스로 흘러 모여
제 깊이를 만들어 힘을 키우고
얼음으로 강물을 감추어
농부들을 편히 건네주며
참을 길 없는 뜨거운 속마음만 흘려
강 스스로 강이게 하였다가
녹을 철엔 차례로 녹아 넘치며
물길을 열어
섬진강 좁은 물목들을 지나며
힘껏 부서지고 마음껏 외쳐
부시시 잠깨는 지리산 이마를 때려
퍼뜩 진달래를 피워놓고
막을 길 없는 물살로
시퍼렇게 굽이쳐 흐르는구나.
부서진 것들은 금빛 모래로
구례 강변에 쌓아 빛나게 하고
거친 숨결 달래가며
물 깊이 다시 굳세게 만나

하동 포구 억센 억새들을 흔들어
억세게 키우는구나.

아름다운 하늘 아래
그 푸른 물결로 출렁이며
땅 무시하는 밥 아까운 헛소리 헛짓들을 불러
개펄 진흙으로 쌓아 뻐로 딛고 서서,
우리나라 알 만한 그리움들은 다 불러
제 살로 보내 억센 몸을 쑥쑥 키워내며
두고 보라고,
두고 보면 알 것 아니냐고
알 만한 주먹들은 진즉 알 것 다 알고 있다고
학도 봉도 아닌 것들이
비싼 밥 싸게 먹고 앉아
배부른 소리들 작작하며
까불지들 말라고,
불끈불끈 핏줄들을 키워 불거지며
이기지기 손 휘두르며

이거 보라고, 이 주먹들을 보라고
불쑥불쑥 주먹들이 솟는구나.

섬진강 7

울래 울래 나도 울래
날 저물고 저녁 오면
이 산 저 산 소쩍새야
여기저기 발동기야
가문 논에 물 품으며
천수답에 물 품으며
물 품은 논개구리야
이 논 저 논 새벽까지
나도 울고 너도 울고
울음 모아 함께 울래
쌀금 똥금 부엉부엉
날 가문다 부엉부엉
양식 없다 부엉부엉
사람 없다 부엉부엉
농부새야 부엉부엉
풀잎 뒤에 풀벌레야
나뭇잎에 개구리야
발동기는 물을 품고

지게 밑에 쓰러져서
이슬 속에 선잠 자고
섬진강물 깊은 데로
몸 담그고 나도 울래
너도 울고 나도 울고
울음 모아 함께 울래
닭이 울고 새벽 오고
섬진강물 품어대며
소쩍소쩍 소쩍새야
목이 타타 소쩍새야
앞산 옆산 옆산 뒷산
빼빼 돌아 소쩍새야
개골개골 개구리야
이 논 저 논 메마른 논
물꼬 둑에 개구리야
통통통통 발동기야
안 돌아가면 애통기야
잘 돌아가면 발동기야

저기 저 물 품어올려
모도 심고 설움 심어
어헤라야 어헤라야
어화 둥둥 섬진강아
어라 둥둥 가문 강아
오고 흘러 섬진강아
천리 만리 섬진강아

섬진강 8

달이 불끈 떠오른다.
첩첩산중 달 떠오면
그대는 장산리 마을회관 술집을 나선다.
시린 물소리로 강물을 건너
갈대들이 곱은 손 들어 가리키는
어둔 산굽이 강길을 따라
끄덕끄덕 걷는다.
내 친구,
서울에서 돈 못 벌고
중동을 다녀와도 어쩐지 우리는 못산다며
첩첩산중으로 못난 여자 데리고
검은 염소 몇마리 끌고 돌아왔지.
그대는 누구인가
내 친구,
소주 몇잔 거나하게 걸치고
강길을 홀로 걷는 그대는 내 친구.
겨울 시린 달빛 강물에 떨어져 어는데
어둔 산밑 달그늘 속

담뱃불 빤닥이며
그대 여자 홀로 기다리는 깊은 산속으로
라면 몇봉지 지게에 달고
서리 끼는 풀들을 밟고 헤치며
달빛 돌아오는
산굽이를 홍얼홍얼 돌아간다.
인생 쓴맛 단맛 다 본 내 친구,
슬레이트 지붕
밧데리 불빛 깜박이는 산속으로 가는
그대는 누구인가
내 친구.

섬진강 9

강 건너 산밭에 하루 내내 스무 번도 더 거름을 져나르셨단다. 어머님은 발바닥이 뜨겁다며 강물에 발을 담그시며 자꾸 발바닥이 뜨겁단다. 세상이야 이래도 몸만 성하면 농사짓고 사는 것 이상 재미있고 속 편한 게 어디 있겠냐며 자꾸 갈라진 발바닥을 쓰다듬으시며 자꾸 발바닥이 뜨겁단다.

어머니, 우리들의 땅이신 어머니. 오늘도 강을 건너 비탈진 산길 거름을 져다 부리고 빈 지게로 집에 오기가 아까워 묵은 고춧대 한짐 짊어지시고 해 저문 강길을 홀로 어둑어둑 돌아오시는 어머니, 마른 풀잎보다 더 가볍게 흔들리시며 징검다리에서 봄바람 타시는 어머니. 아, 불보다 더 뜨겁게, 불붙을 살도 피도 땀도 없이 식지 않는 발바닥으로 뜨겁게 뜨겁게 바람 타시는 어머니. 어느 물, 이 나라 어느 강물인들 어머님의 타는 발바닥을 식히겠습니까 어머니, 우리들의 땅이신 어머님.

섬진강 10

하동 포구

전라도나 경상도
여기저기 이곳저곳
산굽이 돌고 논밭두렁 돌아
헤어지고 만나며 아하,
그 그리운 얼굴들이
그리움에 목말라
애타는 손짓으로 불러
저렇게 다 만나고 모여들어
굽이쳐 흘러
이렇게 시퍼런 그리움으로
어라 둥둥 만나
얼싸절싸 어우러지며
가슴 벅찬 출렁임으로 차오르나니
어화 어화 숨차
어화 숨막히는 저 물결
어화 어기여차
저 시퍼런 하동 포구

섬진강 11

다시 설레는 봄날에

당신, 당신이 왔으면 좋겠습니다.
곱게 지켜
곱게 바치는 땅의 순결,
그 설레이는 가슴
보드라운 떨림으로
쓰러지며 껴안을,
내 몸 처음 열어
골고루 적셔 채워줄 당신.
혁명의 아침같이,
산굽이 돌아오며
아침 여는 저기 저 물굽이같이
부드러운 힘으로 굽이치며
잠든 세상 깨우는
먼동 트는 새벽빛
그 서늘한 물빛 고운 물살로
유유히.
당신, 당신이 왔으면 좋겠습니다.

섬진강 12

아버님의 마을

세상은 별것이 아니구나.
우리가 이 땅에 나서 이 땅에 사는 것은
누구누구 때문이 아니구나.
새벽잠에 깨어
논바닥 길바닥에 깔린
서리 낀 지푸라기들을 밟으며
아버님의 마을까지 가는 동안
마을마다
몇 등씩 불빛이 살아 있고
새벽닭이 우는구나.
우리가 여기 나서 여기 사는 것
무엇무엇 때문도 아니구나.
시절이 바뀔 때마다
큰소리 떵떵 치던
면장도 지서장도 중대장도 교장도 조합장도 평통위원도
별것이 아니구나.
워싱턴도 모스끄바도 동경도 서울도 또 어디도
시도 철학도 길가에 개똥이구나.

아버님의 마을에 닿고
아버님은 새벽에 일어나
수수빗자루를 만들고
어머님은 헌 옷가지들을 깁더라.
두런두런 오손도손 깁더라.
아버님의 흙빛 얼굴로,
어머님의 소나무 껍질 같은 손으로
빛나는 새벽을 다듬더라.
그이들의 눈빛, 손길로 아침이 오고
우리들은 살아갈 뿐,
우리가 이 땅에 나서 이 땅에 사는 것
누구누구 무엇무엇 때문이 아니구나.
비질 한번으로 쓸려나갈
온갖 가지가지 구호와
토착화되지 않을
이 땅의 민주주의도,
우리들의 어설픈 사랑도 증오도
한낱 검불이구나.

빗자루를 만들고 남은 검불이구나 하며
나는 헐은 토방에 서서
아버님 어머님 속으로 부를 뿐
말문이 열리지 않는구나.
목이 메는구나.

섬진강 13

자연부락

푸른 하늘
그 아래 청산
강이 있어 바라보고
그 강언덕 산자락에
사람들이 모여
물 나고 빛 좋은 곳 터를 잡아
영차영차 집을 짓고
힘써 논과 밭을 만들고
철 따라 꽃 피고 지고
씨뿌려 거두는 것같이
자식들을 늘려
동네를 이루어 살았으니
그게 몸과 마음 둘 땅이었더라.
강으로 가는 길을 두고
강 건너로 징검다리를 놓아
산에 길이 열렸으니
사시장철 흐르는 물이 맑았더라.
어디로든 길을 따라

사람들이 오고 가니
이 동네 저 동네
막힌 길이 없어
소와 쌀을
베와 쌀을 바꿔 썼더라.
앞산 뒷산 길을 따라
사내들이 나무 가고
집안에서 아낙들이 길쌈하여 베를 짜고
집짐승들 제 살붙이들처럼 기르고
강으로 처녀들이 물길러 오고
총각들이 나무하여 강 건너오다
처녀 총각 눈이 맞아
소쩍새 이 산 저 산 울면
달 뜬 강변에서
강물을 황홀하게 바라보다
꽃등을 밝혀
한집안에 살며
앉아 시심 내고

서서 땅을 파면
콩 심은 데 콩 거두고
팥 심은 데 팥 거두고
땅의 임자로 오붓하게 살았으니
누가 보기에도 좋았더라.

비 묻어오는 골짜기는 우골이요
복사꽃 피는 앞산은 꽃밭등
큰 골짜기는 큰골이요
작은 골짜기는 작은골
절이 있으면 절골이라.
밭이 평평하면 평밭이요
논이 버선 모양이면 버선배미
배 뜨면 뱃마당
달 뜨면 달바위
벼락 맞은 바위는 벼락바위
쏘가리가 많으면 쏘가리 방죽
앞산이 길어서 동네 이름이 긴뫼라

사람들이 부르기 편하게 진매로 되었는데
일본놈들이 긴 장자에 뫼 산이라
장산으로 고쳐버렸더라. 아무튼
이렇게 저렇게
누가 지었는지 모르게
그 생긴 모양대로
이러저러한 이름이 생겨
사람들이 살 비벼 살며
곳곳에 사연과 이야기가, 내력이 보태져서
입에서 입으로 전해지니
우리집 식구들이 어디로 일 나간 것도
쉽게 찾겠더라.

동구에는 정자나무를 심어 지키게 하고
나무 밑 상석은
어른이 앉을 자리요
그 아래 순서가 저절로 정해져서
그게 위아래로 스스럼이 없어

질서가 걱정 없더라.
거기 그늘에 모여 쉬고 놀며 이야기하고
쓰잘데기없는 이야기는
쓸데없이 남고
쓸 것 있는 이야기는
쓸모있게 남아 쌓이고 간추려져
저기 저 물같이 유유하고 끝이 없으니
몸에 배어들고 살이 쪄
그게 또한 푸른 역사더라.
마을에 크고 작은 일이 있을 때마다
그 아래로 모여들어
중지 모아 해결하며
매사에 불평불만이 없게 고르고
경우가 빤듯하니
그 경우 역시 평등과 정의여서
그게 요샛말로
민주주의요 그 전당이더라.
뉘 집 큰일 날 때마다

남의 일이 곧 내 일이어서
누가 뭐라 안해도 각자 모여들어
곡식과 품을 보태어 일 추리고
두레와 품앗이가 성하니
어허라 상사디야 그게 일과 노래요
일 새로 시작하는 달이 명절이요
농사 다 끝나면 명절이요
달 밝으면 또한 명절이요
다달이 명절이 있으니
쉬는 날이 있고
명절 때는 정자나무 그늘에 모여
어라차차 들독 들고
어기여차 힘겨루고
훨훨 그네 뛰며
둥게둥실 춤을 추고
덩게둥게 농악 하며
다 이녁들의 몸짓과 노래로 흥겨웁게
고된 몸을 잠시 풀었으니

그게 일과 놀이를 위한 축제였더라.
마을이 위급하면
징과 장구를 울려
괭이 삽 낫들이 솟구치고
함성도 들려
앞산 앞내가 부르르 함께 치를 떨어
사람도 구하고
논과 밭을 지켰더라.
이러고 저러고 살며
해 뜨면 땀 흘려 논밭 갈고
해 지면 돌아와 저녁을 맞아
긴긴밤을 모여 이 얘기 저 얘기
살림살이, 세상 돌아가는 얘기로 지새우니
그게 또한 사랑방이어서
얘기하며 새끼 꼬고 망태 만들며
오손도손 살았더라.
밤과 낮이 바뀌더라.

누구는 이라자라 쟁기질 잘하고
소 잘 다루고
누구는 선일 잘하고
모 잘 심고 써레질 잘하고
누구는 논두렁 잘 붙이니
논일 밭일이 걱정 없고
누구는 집 잘 짓고 방 잘 놓고
쟁기 지게 뚝딱 잘 만들고
누구는 괭이 삽 호미 낫
띵깡띵깡 잘 다루니
농사 질 때 쓸 연장이 걱정 없더라.
누구는 밥 잘 짓고 떡 잘하고
술 잘 담고 삼 잘 삼고 밭 잘 매고
철그덕 철컥 베 잘 짜고
꼼꼼하게 옷 잘 지으니
집안일들이 잘 돌아가고
어떤 해 어떤 집엔
호박, 박이 질 열리고

어떤 집은 가지, 오이가 잘 열려
콩 한조각도 서로 나눠먹으니
반찬이 그리 부족치 않더라.
누구는 글귀가 밝아
지나가는 나그네에게
귀동냥 손동냥 하여
글 잘하는 사람이 생겨나
세상 이치에 맞게 적발하고
축문과 제문도 쓰고 침도 잘 노니
그 사람 집이 글방이 되더라.
누구는 또 뭣 잘하고 뭣 잘하고
누구는 소리 잘하고
누구는 쇠 잘 다루고
누구누구는 징 장구 소구 잘 치니
모두 농악에 한가락씩 장기가 있어
이래저래 안과 밖으로
일과 놀이에 구색이 맞아
자연스럽게 다 소용되는 사람들이니

다 사람 구실을 하고
서로서로 사람사람을 다 귀하게 여기니
동네방네 일에 아귀가 맞아
다 사람 대접을 받았더라.

같이 슬프고 기뻐하며
태어나 살고 죽고 하는 일이
자연스러워 세상 인심에 큰 변동이 없고
잘살고 못사는 것 또한
다 자기 몸 쓸 탓으로 살아
사돈이 논을 사도 배가 안 아프고
빈부에 귀천이 없고
태어남에 근본이 같아
알고 모름에도 부끄럼이 없으니
쌀과 보리나 온갖 곡식과 채소가 잘 자라
여기저기서 불쌍치 않더라.
쌀과 보리가 불쌍치 않으니
밥 먹고 하는 일들이 좋아서

하늘 아래 땅 위에서
밥이 아깝지 않더라.

섬진강 14

호박들

자갈밭귀퉁이에 담장밑응달에
개똥도안누는곳 여기저기아무데나
호미로득득긁고 꼬쟁이로푹푹찔러
듬성헐찍땅을파서 두어개씩던져넣고
몸묻힌둥마는둥
달구새끼발톱피해 들쥐산새눈을피해
싹이나고잎이나서 줄기나고넝쿨뻗어
오뉴월불볕속에 긴뿌리에긴긴넝쿨
덩케덩케어우러져 목이타고애가타도
몇년몇년칠년가뭄 물한모금안준다네
시들시들잎늘어져 시달리고시달려도
물한모금안준다네
아침일찍일어나서 꺼끄런손내밀어
타는목을축인이슬
아무데나손내밀어 넝넝쿨을뻗다가
경운기에걸리면은 낫질칼질움잘렸네
잠자다가떡먹기로 돼지똥물흘러들어
어화둥둥호박꽃 어화둥둥호박꽃

호박꽃도꽃이여 호박꽃을피웠더니
호박꽃도꽃이냐고 깔보거나비웃더라
너무그리말더라고
둥게둥게겅중겅중 호박꽃도꽃이랑게
어화좋네호박꽃 호박꽃도꽃이랑게
호박꽃도꽃이라고 호박벌이날아들어
장가가고시집가고 애호박이열렸더니
놀부새끼지나면서 손톱찍고말뚝박네
우리몸이무슨죄여 눈물흘려푹푹썩어
앞꼭지에뒤꼭지 푹푹썩어떨어지네
이난리에저난리 맨맞하게두들기며
아무데나푹푹쑤셔 아무데나탕탕쏘아
무심할사인심이여 허망할사세상이여
쌀보리만곡식인가 고추배추만채소인가
양호박만호박인가 왜호박만호박인가
전쟁나고흉년들어 부황들어누렬때
호박댓국호박죽 허천나게찾더니
뱃속들이따땃타고 너무그리말더라고

모내기때백중날에 호박부침호박무침
제사쌀에호박떡 정성이부족하면
호박떡이선다네
아쉬울땐번쩍찾고 이철저철다지나고
무서리가내려서 잎과줄기다끊기고
논밭두렁버려진땅 싯누렇게자빠져서
호박뎅이뒹구네 뒹굴뒹굴뒹구네
이리둥굴저리둥굴 쳐다보도안하면서
여기저기차이다가 여기저기피멍드네
서럽네요요세상 썩을놈의이세상
뒤집어질요세상 요요요요저세상
어떤호박팔자좋아 양옥지붕올라가고
고관대작거실에서 그림쟁이화실에서
뒹굴뒹굴놀면서 호박팔자상팔자로
호강요강다하는데
대대손손재래종 아무데나던져져서
진주전주고부마산 광주화순평양서울
주링대롱대롱주렁 우리호박서럽다네

바위위에올라간놈 바위에서떨어지고
헛간지붕올라간놈 헛간똥에떨어지고
울타리로올라간놈 울타리서떨어지고
측간지붕올라간놈 측간똥통빠지네
임꺽정에장길산 진주광주마산부산
이엉뎅이저엉뎅이 전봉준에안중근
이통수에저통수 전태일에오일칠
이정갱이저정갱이 이마통이터지고
마디마디골병들어 몸살끙끙뒹구네
아구구구애구구구 뼈마디가쑤셔절려
농민전쟁삼일운동 사일구에오일팔
너무그리말더라고 너무그리말더라고
호박몸도몸이고 호박병도병이여
가을일을다끝내고 공판까지다끝내고
하릴없이놀다가 돼지소밥떨어지면
지게바작찢어지게 바작타고물건널때
저기저기저물속에 호박얼굴내얼굴
가시찍힌손마디 햇볕에탄농부얼굴

우둘투둘울퉁불퉁 농부얼굴내얼굴
한짐두짐져날라서 마루구석헛간구석
아무데나처박아 8자고쳐도로8자
쥐새끼가파먹고 아이들이툭툭차고
아무데나쌓였다가 매를맞고썩어가면
뭉텅뭉텅썰려서 구정물통에호박씨
호박씨만건져서 아랫목에말려서
호박씨를까놓으면
장명동에당그레정들 히죽해죽저도둑놈
하죽허죽이도둑놈 호박씨를한입에넣네
못살겼네못살아 이리저리못살아
호박같은이세상 뒹굴뒹굴뒹굴면서
가슴쳐야퍽퍽퍽 내가슴만폭폭허네
어허어허뒹굴어보세
뒹굴뒹굴뒹굴어서
대대손손오적들 뒹굴어서몰아내세
논밭두렁산넘어 막힌둑을넘어서
덱대굴덱대굴덱대굴 둥글뒹글글러서

박터지고으깨지고 얻어맞아피터지고
줄기줄기피맺혀서 뒹굴뒹굴밀고가세
가시덤불낭떠러지 비바람속눈보라속
꽁꽁얼고푹푹썩어 여기저기산골짜기
오는봄을만나면은 이땅저땅우리땅땅
여기저기새싹나고 넝넝쿨을뻗어가서
네손내손꽉꽉잡고 여기저기감아올라
어라둥둥어화둥둥 둥게덩케어우러져
어라좋네호박꽃 어화좋다호박꽃
호박꽃을피우세
이내강산저내강산 호박꽃을피우세
꽃가루를날려서 주렁대롱열리세
못난얼굴천년만년
이강산도저강산도
뒹굴뒹굴뒹굴면서 어화좋네뒹굴면서
우리세상호박세상 어라둥둥어라둥둥
양춤왜춤오만잡춤 몰아내어
경중경중둥게덩게 어깨춤을절로추세

호박세상만들어 호박벌을뽑아서
호박꽃을피우세
일제이제삼제사제 또그제를몰아내고
호박꽃이진짜꽃 호박꽃을피우세
이꽃저꽃만든꽃 헛꽃들을몰아내고
우리꽃을피우세
삼천리에금수강산 우리꽃을피우세
우리꽃을피우세

섬진강 15

겨울, 사랑의 편지

산 사이
작은 들과 작은 강과 마을이
겨울 달빛 속에 그만그만하게
가만히 있는 곳
사람들이 그렇게 거기 오래오래
논과 밭과 함께
가난하게 삽니다.
겨울 논길을 지나며
맑은 피로 가만히 숨 멈추고 얼어 있는
시린 보릿잎에 얼굴을 대보면
따뜻한 피만이 얼 수 있고
따뜻한 가슴만이 진정 녹을 수 있음을
이 겨울에 믿습니다.
달빛 산빛을 머금으며
서리 낀 풀잎들을 스치며
강물에 이르면
잔물결 그대로 반짝이며
가만가만 어는

살땅김의 잔잔한 끌림과 이 아픔
땅을 향한 겨울풀들의
몸 다 누인 이 그리움
당신,
아, 맑은 피로 어는
겨울 달빛 속의 물풀
그 풀빛 같은 당신
당신을 사랑합니다.

섬진강 16

이사

우리들은 저녁밥을 일찍 먹고 너나없이 모여들어 이삿짐을 꾸렸다. 거울 깨진 농짝 하나, 테멘 장독 몇개, 헌옷 보따리, 때 낀 카시미롱 이불. 그 흔한 흑백 텔레비 하나 없는 이런 촌 세간살이들이 서울에 가서 산다는 게 우습고 기맥히는 일이지만, 우리들은 말없이 이삿짐을 꾸려 회관 마당 삼륜차에 실었다. 아주머니는 연신 눈물 콧물을 훌쩍이며 코를 풀어 치맛자락에 닦았다. 동네 아주머니들도 모두 서로 얼굴을 마주치거나 말을 하려 들지 않았다. 확돌이나 헌 덕석, 망태, 절구통 같은 촌 물건들은 대충 이웃들에게 몇 푼씩 주면 팔거나 거저 주며 아주머니는 목이 메이는지 넋을 놓곤 했다.

아버지의 아버지, 그의 아버지들이 대대로 힘써 살았던 땅, 논과 밭과 온갖 과일나무들, 뒷산 몇백년 묵은 귀목나무, 강 건너 평밭, 꽃밭등, 절골, 뱃마당에 두루바위, 벼락바위, 눈주면 언제나 눈에 익어 거기 정답게 있던, 우리들이 자라며 나무하고 고기 잡고 놀아주었던 몸에 익은 정든 이름들이 구로동 성남 신길동 명동, 이런 낯선 서울 이름들과 엇갈리며 우리 머릿속을 쓸쓸하게 지나갔다.

마당의 화톳불이 사그라져가고 새마을 슬레이트집은 휑뎅그레 비워졌다. 마을회관 마당엔 동네 사람들이 모두 나와서 서로 인사들을 나누었다. 아주머니들은 울먹이며 눈물을 훔치며 가다가 애들 빵이나 사주라고 구겨진 돈 몇푼씩을 치맛속에서 꺼내어주며 복받치는 설움들을 감추지 못했다. 남의 일 같지 않은 이런 일들이 있을 때마다 사람들은 듬성듬성 줄어들어 있었고 우리들은 얼마나 가슴 아파했던가. 이제 떠날 만한 사람들은 거의 다 떠나고 회관 마당엔 어찌하지 못하는 나이든 사람들과 몇몇 아이들만 남아 흐린 불빛 속에 어둡고 지친 얼굴로 서 있었다. 마을 사람들과 인사를 나누고 그는 우리들과 술을 마셨다. 논물 풀물 든 구식 와이셔츠, 장가들 때 맞춘 구겨진 양복과 닳아진 구두, 아이들은 그래도 좋아서 운전석에 앉아 빨리 가자고 조르는데, 우리들은 말없이 술잔들을 비우며 낫에 베이고 가시에 찢기고 삽이나 괭이에 찍힌 우둘투둘한 겁먹은 손들을 어색하게 덥석덥석 잡아쥐며 말문들이 막혀 그저, 잘 있게 잘 가게 하며 서로 어깨 너머 캄캄한 어둠을 보곤 했다. 그는 뿌리치듯 짐 실은 차 뒤칸에 올라타 우리들을 외면했다. 아주머니들은 훌쩍이며 치맛자락을 걷어올려 눈물을 닦고 아이들은 어머니들 치맛자락을 잡고 서 있었다. 저녁 내내 세간살이들과 한데서 시달릴 그를 생각하니 목이 메어왔다. 차가 회관 마당을 서서히 빠져나가자 물소리가 크게 쏴쏴 저 앞 강굽이를 돌아갔다. 헤드라이트 불빛이 잠깐 노딧거리를 비췄다. 강물소리가 쏴 하며 우리들 가슴을 크게 쓸었다.

피와 땀과 살을 섞었던 땅, 버림받고 무시당하면서도 나라에서 시키는 대로 다 했던 땅, 그래도 정 붙여 살았던 땅, 나이 서른다섯에 이사라니.

동구 정자나무를 빠져나간 차는 새마을 신작로길을 잘도 달리며 불빛을 여기저기 쏘아댔다. 차 꽁무니의 빨간 불빛이 동구길을 아주 사라진 후에도 사람들은 회관 마당에 덩그렇게 남아 서로 얼굴들을 외면한 채 앉거나 서서 담뱃불을 빤닥이며 캄캄한 앞산을 바라보거나 땅을 내려다보며 그와 살 비벼 살아온 날들을 생각하며 헤성헤성한 마음들을 어찌하지 못하고 하나둘 헛기침을 하며 어둑어둑 헤어졌다. 회관 불빛이 우리들 등뒤에서 각자 꺼지고 시커먼 어둠이 동네를 가득 메웠다. 그의 텅 빈 집 앞을 애써 외면하고 지나며 이제 아무도 이사 들지 않을 꺼멓게 그을린 불빛 없는 그 이웃을 생각하며 우리들은 또 소쩍새 울음소리나 부엉새 울음소리에, 강물소리에 돌아눕고 돌아누우며 며칠 밤 잠을 설칠 것이다. 누가 또 떠나겠지. 누군가 또 떠나겠지.

섬진강 물소리가 한번 큰 숨소리로 뚝 그쳤다가 힘겹게 이어졌다.

섬진강 17

동구

추석에 내려왔다
추수 끝내고 서울 가는 아우야
동구 단풍 물든 정자나무 아래
— 차비나 혀라
— 있어요 어머니
철 지난 옷 속에서
꼬깃꼬깃 몇푼 쥐여주는
소나무 껍질 같은 어머니 손길
차마 뒤돌아보지 못하고
고개 숙여 텅 빈 들길
터벅터벅 걸어가는 아우야
서울길 삼등열차
동구 정자나무 잎 바람에 날리는
쓸쓸한 고향 마을
어머니 모습 스치는 차창에 머리를 기대고
어머니 어머니 부를 아우야
찬서리 내린 겨울 아침
손에 쩍쩍 달라붙는 철근을 일으키며

공사판 모닥불 가에 몸 돌리며 앉아 불을 쬐니
팔리지 않고 서 있던 앞산 붉은 감들이
눈에 선하다고
불길 속에 선하다고
고향 마을 떠나올 때
어여 가 어여 가 어머니 손길이랑
눈에 선하다고
강 건너 콩동이랑
들판 나락가마니랑
누가 다 져날랐는지요 아버님
불효자식 올림이라고
불효자식 올림이라고
너는 편지를 쓸 것이다.

섬진강 18

나루

섬진강 나루에 바람이 부누나
꽃이 피누나
나를 스쳐간 바람은
저 건너 풀꽃들을
천번 만번 흔들고
이 건너 물결은 땅을 조금씩 허물어
풀뿌리를 하얗게 씻는구나
고향 산천 떠나보내던 손짓들
배 가던 저 푸른 물 깊이 아물거리고
정든 땅 바라보며
눈물 뿌려 마주 흔들던 설운 손짓들 두고
꽃길을 가던 사람들
지금 거기 바람이 부누나
꽃이 피누나
하루에도 몇번씩 오가던 뱃길
뱃전에 부서지며 갈라지던 물살을 보며
강 건너 시집간 누님도 객지로 가고
공장 간 누이들은 소식도 없다가

남편 없는 아기엄마 되어
밤배로 몰래 찾아드는
타향 같은 고향 나루
그래도 천지간에 고향이라고
이따금 꽃상여로 오는 사람들
빈 배가 떠 있구나
기쁜 일 슬픈 일 제일 먼저
숨가쁜 물결로 출렁이던
섬진강 나루에
지금도 물결은 출렁이며
설운 가슴 쓸어
그리움은 깊어지는데
누가 돌아와서 이 배를 저을까
오늘도 저기 저 물은 흘러, 흘러서 가는데
기다림에 지친 물결이 자누나
풀꽃이 지누나.

섬진강 19

무덤에서

아우야
여기 아무도 찾아온 흔적이 없구나.
풀들이 키도 넘게 우거져
몇바퀴 무덤 밖을 헤매이다
풀들을 헤친다.
무덤에 이르는 길은
길이 없어도
무덤에 이르러 길이 끝나고
길이 막힌다.
아우야
저녁이면 풀벌레들이
얼마나 자지러지게 울고
반딧불들이 얼마나 여기저기 헤매이데.
밤이 늦도록 소쩍새는
또 얼마나 목쉬어 울고
강 건너 무논 개구리들은
얼마나 길길이 울어대데.
새벽엔 거미줄들이 얼마나 풀잎과

풀잎 사이에서 휘어져
안개 속에 흐득이고
마을 어머님 등불은
언제까지 깜박깜박 살아 있데.
때때로 너를 까맣게 잊고
자연스레 나는 살았다.

어디서부터 이 무성한 풀을 베랴.
죽음 같은 우연으로 풀 한주먹을 베어 들고
놓을 자리가 없어 망설일 때
문득 이 세상을 떠나는 물소리
풀 위에 풀을 눕히고 허리를 편다.
아득하여라 세상은
아우야 저승은 얼마나 멀고
너는 갈 길을 다 갔느냐.

풀을 베어내니
무덤이 이리 달처럼 단정하구나.

아우야
몇밤을 밤이 밤으로 막막하고
몇밤을 달이 달처럼 떠서 지데.
오늘밤 달이 가장 높이 떠서
가장 멀리 지리라.
가장 늦게 지리라.

곧 서리 맞을 새 풀이 돋고
가을이 오리라.
또 몇번 하얗게 눈이 내려
무덤을 키웠다가 낮추리라.
너는 그때 스물다섯
나는 지금 서른다섯
삶과 죽음이 이렇게 다정한 것 같아도
이제 우리는 한살 차이가 아니구나.
아우야
너에게 전할 것이 없어
나란히 앉을 수 없어

땀 밴 낫자루를 놓고
무심히 흐르는 강물을 바라본다.
지는 초가을 햇살, 물빛이
이마에 닿아 따갑구나.
저 물을 너는 길 없이 건너왔지.
여울목엔 아직도 누이들의
서러운 울음소리들이
물길을 못 찾은 듯
길길이 자욱하구나.

날이 저물었구나.
벌써 풀벌레들이 애둘애둘 길을 찾고
반딧불들이 깜박이며 헤매인다.
이제 내가 나갈 길은 들어온 길뿐이다.
그새 일어선 풀들을 헤치고
들어온 길로 어둑어둑 나가마.
아우야
너는 넘어진 풀들을 일으켜 길을 마아라.

내 그렇게 길 없이
또 오리라.

섬진강 20

감傳

감들이 불쌍했다.
아버님은 초가을부터
행여나 행여나 하시며
거간꾼들을 기다리다
감들이 다 익어가도
팔릴 기미가 없자
큰놈만 대충대충 골라 따도
감은 끝이 없고,
첫서리가 내리고
감들이 사정없이 물러지기 시작하자
밤 터는 긴 장대로
감나무를 두들겨패댔다.
장대를 힘껏힘껏 휘두를 때마다
감들은 후드득 떨어져
박살이 나고 으깨어졌다.
아버님은
이 웬수놈의 감
이 웬수놈의 감

많아도 걱정 적어도 걱정
이 썩을 놈의 감, 하시며
있는 힘을 다하여 두들겼다.
감가지가 찢어지고
감들이 떨어져 물개똥같이 되면
어머님은
이 아깐 것
이 아깐 것, 하시며
그래도 성한 놈은 광주리에
가득가득 담으셨다.
그러시는 어머님을 보고 아버님은
버럭버럭 화를 내셨지만
어머님은 떨어지는 감을 맞으며
감쪼가리라도 만드신다며
정신없이 감을 주워담아
집에 갈 때
강변 바위 위에 벌겋게 널었다.

텔레비에선
감과 농촌 풍경을 비춰주며
가을 정취를 한껏 돋웠지만
그럴 때마다 아버님은
끙끙 앓으시며
저런 오살헐 놈들
감 땜시 사람 환장허는지 모르고
저 지랄들 한다고
텔레비를 꺼버리곤 하셨다.

홍정이 안 들어온 것은 아니었다.
두 동도 넘는 감을 밭떼기로
4만원도 비싸다며
팔기 싫으면 그만두라는
감장수들 말에
아버님은 저녁땐 팔고
이튿날 아침이면
혼지 회를 내시머

감을 썩혔으면 썩혔지
팔지 않겠다고
앞산 벌건 감을 보시며
빈 지게를 짊어졌다
벗었다 하시며
어쩔 줄을 몰라하시곤 했다.

초가을 감들은 온 밭을
붉게 물들였었다.
올 같은 가뭄에도 어찌나 감이 열렸던지
감가지가 찢어져라 휘어지면
아버님은 일 나가시며
작대기를 만들어
감가지를 받쳐주곤 하셨다.
앞산 감밭은 아버님께서 고욤씨를 뿌려
해마다 몇그루씩 접을 붙여
애지중지 가꿔
넓은 밭가엔 온통 감나무였다.

아버님은 이따금 익어가는 감을 보시며
“보소, 인자 저근 감나무골이네” 하시며
동네 어른들께
자랑을 하시곤 하였다.
가을엔 감빛이 앞강물을
붉게 물들이고
안개 걷히는 아침, 감들은
아름다웠었다.
어머님이 밭일을 하시다 잘못하여
어린 감나무 순을 하나만 다쳐도
아버님은 몇날 며칠이고
화를 내시며
어머님을 나무라시면
어머님은 아무 말도 하지 못하셨다.

좋은 놈을 골라
밤을 새워 감을 깎아도
감은 감이 아니라 걱정으로 쌓였다.

강변 바위들마다 벌겋게 감쪼가리들이 널리고
빨랫줄이나 빈터 뽕나무 감나무에는
감껍질들이 붉게 널려 말랐다.
두엄자리에는 감들이 썩어나고
돼지도 감을 먹지 않았다.
어머님은 앞산 감만 보면
가슴이 철렁 내려앉는다고 하시며
밤을 새워 감을 깎고
아버님은 새벽 내내
곶감을 꼬챙이에 꿰어 달았다.

감들이 불쌍했다.
감나무 밑은 벌겋게 감들이 널리고
아이들은 감을 가지고
팔매질이나
강변에서 야구를 했다.
감이 몽둥이에 맞아 안타가 될 때마다
감은 박살이 났다.

아이들은 홈런을 외치고
아버님은 어둑거려 징검다리가 보이지 않을 때까지
감을 져날랐다.
감들은 여기저기서
찢어진 감가지에 매달린 채
쭈그러들고 까마귀밥이 되고 물러빠지며
추운 겨울을 맞이했다.
감들이,
감들이 불쌍했다.

제 2 부

쟁기질

솥텅 솥텅 솥텅텅
솥 속이 비었다고
소쩍새가 우는고나
굽은 허리 한 고개
아픈 고개 두 고개
저리는 손 세 고개
애리는 발 네 고개
목이 타다 다섯 고개
온 삭신이 쑤신다고
소쩍새가 우는고나

집텅 집텅 집텅텅
집집이 비었다고
온 동네가 비었다고
소쩍새가 우는고나
고개고개 고개마다
피와 땀을 다 짜내며
참고참고 참느라고

살가죽만 남았는데
참은 고갠 뭔 고개며
이 고개는 웬 고갠가

이라자라 이랴 낄낄
흰소리 안 질러도
어허라 이놈의 소
고개고개 잘 넘기며
봄갈이 잘도 헌다
허리 펴고 넘자꾸나
고개 들고 넘자꾸나
오금 펴고 넘자꾸나
소리치며 넘자꾸나

솥 꽉꽉
동네 꽉꽉
못살아도 좋으니
사람들을 들려주소

고개 넘다 죽겠다고
소쩍새가 우는 봄에.

보리씨

달이 높다
추수 끝난 우리나라
들판길을 홀로 걷는다
보리씨 한알 얹힐 흙과
보리씨 한알 덮을 흙을
그리워하며 나는 살았다.

논

오늘은 장마로 불어난 강을 건너
집에 가야겠다.
강을 건너 벗은 신을 들고
심어논 벼들이 돌아앉는 논두렁을 지나면
삽을 메고 논 가득한 벼를 바라보며 서 있는
아버지 곁에 서보려 한다.

—올해는 벼들이 일찍 깨어나네요
—그렇구나

쌀보다 나락을, 나락보다 논 가득한 벼를
벼보다 겨울논을 더 좋아하시는 아버지
아버지의 농사는 언제나
논에서 풍년이고
논 밖에서 흉작인데
내 농사는 논 밖에서 풍년이고
논 안에서 흉년입니다 아버지
아버지의 비는 아버지 일생의 피이고

내게서 비는 저 흐린 허공의 비애입니다.

—집에 가자
—예 아버지

아버지, 논으로 울고 논으로 웃고
논으로 싸워 아버지의 세상과 논을 지키신 아버지
아버지의 적막하게 굽은 등이
오늘따라 왜 이리 넉넉합니까
집에 들면 강 건너 밭 지심을 걱정하시는
어머님 곁에 앉으셔야
맘이 놓이시는 아버지
우리들의 아내는 우리들의 마음을
무엇으로 안심시킬까요
아버지.

시는 서울서 쓰고 사는 건 우리가 살고

일반벼는 공판하고
힘 좋은 놈 서울 가고
통일벼는 우리 먹고
머리 존 놈 이민 가고

재래종은 가두고
젊은 놈은 쥐어박고
개량종은 풀어두고
늙은이는 촌에 남고

잘사는 데 너그 살고
잘사는 건 너그 덕
못사는 덴 우리 살고
못사는 건 우리 탓
이자는 너그 갖고
본자는 우리 갖고

눈뜬 놈은 째려주고

잠자는 놈 떡 주고
우는 놈은 패주고
노는 놈은 한술 더 주고
돈은 너그가 쓰고
빚은 우리가 갚고

물레야 물레야

돌고 도는 물레 고비마다
사람 살 고비고비는 다 있다는데
이 고비나 저 고비나
행여 이 고비나
돌리고 돌리고 다시 돌려도
우리네 고비고비는
부모 형제 자식 잃어
한맺힌 실타래로
목 감기며 도는구나.
실타래 풀고 감고
한 시름에 두 시름
세 시름에 네 시름
시름시름 돌려봐도
우리네 기다리는 고비고비는
골골 숨넘어가는 피맺히는 소리로
몸서리치며 떨리다가
가락 끝에 반짝이는 피눈물로
피 흘리며 도는구나.

더도 말고 덜도 말고
다시 돌아올 저 고비는
우리네 시름 설움 다 자아올려
고른 실타래로
한 꾸러미 두 꾸러미
옴쏙옴쏙 떨어지거라.

길에서

앞산 뒷산
오월 푸른 산을 바라보건대
그 사이 앞내가 푸르르고
그 안에 살아온 내 몇해가
하루해 같아
오늘 해는 유난히 짧고
해 지는 산마루에 눈물이 걸려
반짝 비치는구나.
무엇을 아끼고
무엇에 정 붙여 살았느냐.
맑은 바람은 이리 부드럽게
야윈 뺨을 스치는데
내게 오고 가고 무엇이 머무느냐.
생각하면 누구나 살아온 이 세상이
피눈물을 쏟던 설운 굽이인데
찔레꽃 떠내려가는
어느 물굽이에서
내 서러움만 가려서

떠 보이겠느냐.
철이 들면서 나는
앞산 빈 밭 거름더미만 보아도 정에 겨웠고
홀로 밭매는 어머니만 먼데서 보여도
밭이 너무 커서 서러웠다.
어디 갔다가 늦게 돌아오는 저녁길
동구에 들어서서
어머님 등불만 보여도
나는 늘 가슴이 새롭게 뛰고
발길이 부산해졌다. 떨리는 마음으로
어머니, 부르며 마당에 들어서면
오냐 내 새끼 인자 오냐, 문을 열면 환한 어머님 불빛에
나는 늘 행복해 웃었다.
홀로 풀짐 지고 산굽이 돌아오는
아버지만 길에서 만나도
강길이 너무 적막하여 나는 어쩔 줄을 몰랐다.
강변에 풀꽃만 피어도
강물에 눈만 내려도

강변을 거닐며,
꽃 곁에 앉아
눈 사라지는 강가 바위에 앉아
나는 이 세상을 사랑했다.
정자나무 잎 피고
그 아래 앉아
소쩍새 이 산 저 산에서 울고
둥근 달이 떠오르면
나는 사람 하나 이 세상을 떠난 자리가
그렇게도 넓어
긴긴밤 달 져 내 방에
새벽 어둠 들 때까지
사랑에 목이 메어
물소리를 따라다니며
바위 뒤에 숨어 혼자 울었다.
사랑이란 무엇이고
삶이란 무엇이냐.
살아오면서 나는 내 이웃들의 농사에

내 손이 희어서 부끄러웠고
뙤약볕 아래 그을린 농사꾼들의
억울한 일생이
보리꺼시락처럼 목에 걸려
때로 못밥이 넘어가지 않아
못 드는 술잔을 들곤 했다.
논밭에 땀 흘리지 않고
흙 무서워하는 손으로 시를 쓰고
밥을 퍼먹으며
그들의 아들딸들을 가르치며
나는 가르침에 괴로웠다.

지던 해 졌구나.
눈 내리깔아 땅을 보건대
우리 땅 어디에는
아픈 흔적들이 몸을 쑤시고
갈 수 없는 곳에 머물러
몸과 마음이 갑갑하구나.

세상을 배우면서 나는
갈라진 내 조국에 눈뜨며
결코 쓰러질 수 없는 사랑을 배웠다.
땅 가까이 헤어져야 할 것들이 너무 많고
땅에 만나야 할 것들이
한치 땅 위로 푸르게 설레인다.
내 세월도 한겨레의 세월과 같아
세월은 많은 것들을 용서하고
많은 것들을 용서하지 않는다.
한번 왔다 가는 이 세상
사람이 살면은 얼마나 살며
살아 또 무엇을 이루겠느냐.
내 용서할 수 없는 것들에
비겁하지 않으련다.
이 세상 맨땅을 디디려
이 세상 허망한 데를
다 돌아다니다가
다시 서니 앞산 뒷산 내 강토가

내 몸에 가깝고
그 안에 작은 들에서
모내는 사람들의 몸짓이 바쁘게 보이는구나.
내 옷소매를 걷어올리고
반달만큼 남은 논배미에 들어선다.
내 딛어 발 빠진, 물려받을 농토가 너무 서럽고
인간만사 세상 인심이
땅에 너무 야박하나
땅은 유구하고 곡식 또한 그렇다.
우리 진정한 사랑의 시선이
서로에게 벗어날 수 없는 자유이듯
나는 이 땅을 한치도 벗어날 수 없음을 안다.
이 한짐 짐짐의 무거운 사랑
아, 사랑의 가벼움이여, 자유여
자유를 찾으며 울먹이는 흙 속에
줄모를 꽂는다.
모를 다 내고 논두렁에 서보니
모들이 나란히 이여쁘고

나도 오랜만에
저녁 한끼 밥값을 한 것 같구나.
아버님은 벌써 풀 한 바작을
뭇밥같이 고봉으로 수북이 쌓으셨구나.
삶이여!
저 위에 무엇을 더하고 덜하겠느냐.
아버님 풀짐에 나비 두어 마리 따라 날고
강변 풀꽃들이 더욱 다정히 피어나며
아버지 가시는 길에 길이 따른다.
하얀 길을 가운데 두고
이 세상 모든 것이 서로 정답게
수고했다 마중하며
마을로 길을 내어주고
모내던 사람들이
여기저기서 마을길로 접어드는구나.
내 흉년의 저 길을 가리라.

꽃등 들고 임 오시면

긴 어둠을 뚫고
새벽닭 울음소리 들리면
김나는 새벽 강물로
꽃등 들고 가는
흰옷 입은 행렬을 보았네.
때로 흐를 길이 막히고
어쩔 때 부서져도
흘러온 길이 아득하고
흐를 길이 멀고 멀다면
흐르는 일이야 우리 얼마나
행복한 일이랴.
범람하여 헛된 땅 메우고
우리 땅 되살리며
꽃등 들어 임의 얼굴 비춰보며.

정든 땅 언덕 위에

아내여,
그대 곱게 간수해온
눈 내리깐 고운 청춘
이 세상 어디를 가다
산 설고 물 설은
산중땅 찾아온 그대
나를 믿지 말라.
우리 이 세상을 따로 살아가다
우리 어느 길에서 만났으니
이제 남은 생애로
남은 생을 함께 살아갈 뿐
산중 논밭 일이야 어디 허리 쉴 짬이나 나야지.
그대 나와 내 동네에
사랑땜도 하기 전
새벽같이 일어나 잠자리 들 때까지
일하면 할수록 더욱 일은 생겨
밀리고 쌓이는 크고 작은 일들.
봄밭에서 돌아오다 먼산 보면 어느덧 봄이 가고

여름이다 싶어 앞냇물 들여다보면
어느덧 앞산 뒷산이 맑고
물에 손 담가보면 손 시리고
고추 따다 돌아보면 덜 딴 고추 남아 있어
뒤돌아가 다시 따면
어느새 앞서 익은 반가운 고추
그 반가움 그대도 모르게 그대 맘에 익히며
손등으로 이맛머리 씻어올리면 벌써 지는 해
치맛자락에 묻은 흙먼지 털다보면
어느새 또 한해
한해 한해가 그렇게 가고 오며
앞산 복사꽃 피면 설레이던 가슴
어느덧 무심해져
호미자루 괭이자루 손에 익고
우리 동네 온갖 길 발에 익어
땅에 맡긴 그대 이 세상 세월이
그렇게 일하다 허리 펴며 바라보는 밭언덕 풀꽃에
하염없는 바람 같고

어디 한순간인들
그대 허전한 삶을 들여다볼 새나 있을는지.
어느 한순간인들 흐르는 강물에
얼굴을 비춰보며
늘어나는 잔주름 꺼멓게 탄
남 같은 얼굴
지나온 생애를 떠올리다
삶은 다 이런 것인가, 그때가 좋았지,
그대 쓴웃음 쓸쓸해하며
물을 흔들어버릴 짬이나 날는지.
아내여,
그대 허전한 세월의 자국마다
돋아나 익고 거둔 온갖 곡식과 채소
차곡차곡 쌓인 일감들을
한 시름 두 시름 추려내며
늙어갈 아내여,
논밭 일이야 매년 그 일이 그 일로 남아
그 일로 끝나고

계절같이 사는
그대 한 생애의 땀과 눈물과 한숨과 기쁨과 슬픔이
땅에 배어
그대 한 생애를 믿을 때쯤,
마루 끝에 앉아
동산에 둥근 달 떠오면
아, 저기가 동쪽이지 깜짝 놀라며
첫날밤 내게
어디가 동쪽이냐고 묻던 일 생각하며
꺼칠한 흙빛 얼굴 쓰다듬으며
이제 나도 많이 늙었제, 많이 늙었어,
가는 한숨 몰아쉬며
그대 중년을 넘은 어느 세월
귀밑머리 세어 진달래 뿌리같이 굵어진 손마디
만지작거리며
사랑은 이런 것인가,
세월은 다 이런 것인가,
그대 내게 다가오며

믿을 것은 너무 낯익은 내 가슴뿐이라고
어색하게 가슴을 파고들며
사랑은 이런 것이라고,
삶은, 세월은 별것이 아니라고,
어쩔 줄 모르는 눈물로
내 가슴을 적시며,
막상 살아보니
세월은, 세상은 별것이 아니라고,
울먹임 다스릴 그대 순결함, 깨끗한 땅의 순결로
내 등을 돌아오는 그대 거친 손
흙내 나는 가슴을 내 꼭꼭 믿을지니
우리 살아온 두 생애가 한 생애로 닮아
한 나무로 땅에 뿌리내리고
서로 어깨에 얼굴을 얹고
서로 살아나온 어깨 너머
거칠고 험한 농사꾼의 일생을 보며
서로 등 또닥거려줄 수 있다면
이 땅 어디선들

이 땅 누구의 삶인들
파란만장하지 않은 삶 있겠냐고,
살 아프고 맘 아픈
갈라진 이 논 저 논이
한 논배미 되어
서로 물꼬를 열어 물로 합쳐지듯
갈라진 우리 땅이 합쳐져
이 논 저 논에 우리 씨뿌리듯
우리 아들딸
이 땅 아무 곳에나
시집 장가 보내고
정말로 우리 많이 살았다며,
모질고 모진 지난 허물
이제 다 소용없는
참말 이제 다 소용없는
다 늙은 꼬부랑 노인으로
앞산을 보며 설 수만 있다면,
저기 저 앞산을 바라보며

이제 죽어도 좋다고,
죽어서도 눈감지 못한
조상님네들 눈도 감겨주며
이제 죽어도 좋다고,
그리하여
차례로 강 건너 저 청산에
우리 살아나온 이 땅에
나란히 묻힌다면,
우리 흙에 맡긴
이 한 생애가.

길

나무 하다 건너다보면
버들피리 불며 보리밭을 매던 너
네가 오지 않으면 내가 가고
내가 가지 않으면 네가 오고
서로 생각하며 가다오다 만나면
문득 얼굴 들어 함께 웃던
꽃 피고 지며 눈 나리던 강길
우리 다시 오고 가지 못할 길같이
풀들이 우북하게 자라 길을 덮었어도
구월은 어김없고
강물은 반짝이며 흐르는구나.

보리풀 하다 보면 빨래하던 너
물 불은 강을 건너서
고운 맨발로도 오던 네가
신을 신고도 못 오는구나.
빤히 건너다보이는 너의 집 마당
붉은 고추를 널고 담던 너

마음이 가면
달 없는 밤 눈을 감고도 갔던 내가
환한 대낮 눈을 뜨고도 막히는구나.

자고 일어나보니
갈길이 막혀
마을 앞 정자나무 아래 우두커니 서 있다가
돌아섰던 너와 나
내가 가지 않으면 네가 와야 하고
네가 오지 않으면 내가 가야만 할
수많은 가슴 아픈 세월이 흘렀어도
강물은 저 위로 시퍼렇고
딴길로 갈 수 없는 우리 사랑은
철책선 이 건너 저 건너
산그늘 강길에 내려
포탄에 찢기던 들국들이
엎어지면 코 닿을 데,
길이 아니면 가지를 말라고

너와 내가 오가던 발자국 따라
하얗게 피며
아무도 막지 못하는
마음이 가는구나.

마당은 비뚤어졌어도 장구는 바로 치자

환장허겄네 환장허겄어
아, 농사는 우리가 쎄빠지게 짓고
쌀금은 저그덜이 편히 앉아 올리고 내리면서
며루 땜시 농사 망치는 줄 모르고
나락도 베기 전에 풍년이라고 입맛 다시며
장구 치고 북 치며
풍년잔치는 저그덜이 먼저 지랄이니
우리는 글먼 뭐여
신작로 내어놓응게 문뎅이가 먼저 지나간다고
기가 차고 어안이 벙벙혀서 원
아, 저 지랄들 헝게 될 일도 안된다고
올 농사도 진즉 떡 쪄먹고 시루 엎었어
아, 입은 비뚤어졌어도 말이사 바로 혀서
풍년만 들면 뭣헐 거여
안되면 안되어 걱정
잘되면 잘되어 걱정
풍년 괴민이 더 큰 괴민이여
뭣 벼불고 뭣 벼불면 뭣만 남는당게

재주는 곰이 부리고 돈은 뙤놈이 따먹는 격이여
아, 그렇잔혀도 환장헐 일은 수두룩허고
헐 일은 태산 겉고 말여
생각허면 생각헐수록
이갈리고 치떨리능 게 전라도 논두렁이라고
말이 났응게 말이지만 말여
거, 머시기냐 동학 때나 시방이나
우리가 달라진 게 뭐여
두 눈 시퍼렇게 뜬 눈 앞에서
생사람 잡아 논두렁에 눕혀놓고는
하늘 무서운 줄 모르고 똥 뀌고 성내며
사람 환장혀 죽겄는지 모르고
곪은 데는 딴 데다 두고 딴소리 허면서
내가 헐 소리 사돈들이 혔잖여
아, 시방 저그덜이 누구 땜시 호강 호강 허간디
호강에 날라리들이 났당게
못된 송아지 엉뎅이에 뿔 돋고
시윈찮은 귀신이 생사람 잡는다는 말이 맞는개비여

사람이 살면은 몇백년을 사는 것도 아니겄고
사람덜이 그러능 게 아녀
뭐니뭐니 혀도 말여 사람은
심성이 고와야 허고
밥 아깐지 알아야 혀
시방 이 밥이 그냥 밥이간디
우리덜 피땀이여 피땀
밥이 나라라고 나라
자고로 말여 제 땅 돌보지 않는 놈들허고
제 식구 미워하는 놈들
성헌 것 못 봤응게
아, 툭 터놓고 말혀서
쌀금이 왜 이렇게 똥금인지 우린 모르간디
우리라고 뭐 눈도 없고 귀도 없고
창사도 없는 줄 알어
저그덜이사 뱃속이 따땃헝게
뱃속 편헌 소리들 허고 있는디
그 속 모르간디

그러고 말이시
거, 없는 집안 제사 돌아오듯 허는
그놈의 잔치는 왜 그리도 많혀
땡큐땡큐 하이하이 혀봐야
저근 저그고 우린 우리여
솔직히 말해서 우리들 덕에
뭣 나발들 엥간이 불며
실속없이 남의 다리 긁지 말고
가려운 우리 다리나 착실히 긁어야 혀
그저 코쟁이야, 왜놈이야 허면
사족들을 못 쓴당게
사람들이 말여 쓸개가 있어야 혀 쓸개
아, 생각들 혀보드라고
여직 땅 갈라진 채로 이 지랄들이니
남 보기도 부끄럽고 챙피혀서 말여
긍게 언제까장 이 지랄발광헐 거여 긍게
긍게 북한이 외국이여
끼떡히면 4천만 동포, 동포 허는디

아, 그러고 말이시
우리가 어디 한두 번 농사 망쳐봤어
쩍 허면 입맛 다시는 소리고
딱 하면 매맞는 소리
철부덕 허면 똥 떨어지는 소리여
거, 제미럴 헛배 부를 소리들 작작 허라고
아, 제미럴 우리는 뭐 흙 파먹고 농사 짓간디
고름이 피 안되고 살 안됭게
짤 것은 짜내야 혀
하나를 보면 열을 알겠더라고
새 세상에 새 칠로 말허겠는디 말여
그 속 들여다보이는
선거고 나발이고
아, 말이 났응게 진짜 말허겠는디
선거만 허면 질이여
거, 뭐여 그러면 민주냐고
민주가 뭣인지 잘 모르지만 말여
제미럴, 가다오다 죽고

총맞아 매맞아 죽고
엎어져 뒤집혀 죽고
곧 죽어도 말여
우린 넓디넓은 평야여
두고두고 보자닝게 군대식으로 혀도 너무들 허는디
우리는 말여 옛적부텀
만백성 뱃속 채워주고
마당은 비뚤어졌어도 장구는 바로 치고
논두렁은 비뚤어졌어도
농사는 빤듯이 짓는
전라도 농군들이랑게
고부 들판에 농군들이여
참 오래 살랑게
벼라별 험헌 꼴들 다 겪고
지금은 이렇게 사람 모양도 아닝 것맹이로
늙고 병들었어도
다 우리들 덕에 이만큼이라도
모다덜 사는지 알아야 혀

아뭇소리 안허고 있응게 다 죽은 줄 알지만 말여
아직도 이렇게 두 눈 시퍼렇게 부릅뜨고
땅을 파는
농군이여
농군.

네가 살던 집터에서

네가 살던 집터에 메밀꽃이 피고
달이 둥실 떴구나.
저렇게 달이 뜨고
이렇게 네가 보고 싶을 때
나는 너의 희미한 봉창을 두드리곤 했었다.
우리는 싱싱한 배추밭머리를 돌아
달빛이 저렇게 떨어지는 강물을 따라서 걷곤 했었지.
우리가 가는 데로 하얗게 비워지는 길을 걸어
달도 올려다보고 땅도 내려다보며
물소리를 따라
우리는 어디만큼 갔다가는 돌아오곤 했었지.
물기 있는 곳이라면 어디나 이마를 마주대고
오불오불 꽃동네를 이룬 하얀 가을 풀꽃들
이슬을 머금어 촉촉하게 반짝여
가슴 서늘하게 개던 풀꽃들을 바라보는
달빛 비낀 네 옆얼굴은 왜 그다지도
애잔스러워 보였었는지.
앞산 뒷산이 환하게 드리나고

우리 가슴속에 잔물결이
황홀하게 일어 돌아오는 길
우리는 동구 앞 정자나무 아래
우리 그림자를 숨기고
소쩍새 울음소리를 아득하게
때론 가까이
우리들 어디에다 새겨 듣곤 했었지.
그때 그 두근대던 너의 고동소리가
지금도 내 가슴에 선명하게 살아나는구나.
네가 네 집 마당
달빛을 소리없이 밟고 지나
네 방문 여닫는 소리가 가만히 들리고
불이 꺼지면
내 방 달빛은 문득 환해지고
나는 달빛 가득 든 내 방에 누워
먼데서 우는 소쩍새 소리와
잦아지는 물소리를 따라가며
왜 그리도 세상이 편안하고 아늑했는지 몰라.

눈을 감아도 선연하구나.
네가 꼭 올 것이라고 생각하기 시작하면
그 생각은 철석같은 믿음이 되어
네가 곧 나타날 것 같아
나는 숨을 죽이며
온 세상을 향해 내 마음은 모두 열리고
나는 세상의 온갖 소리들이 들리었었지.
그럴 때마다 너는 발소리를 죽여 와서
(나는 그때마다 네가 아무리 발소리를 죽여 와도
온갖 이 세상의 소리 속에서도
네 발소리를 가려 들었었지)
내 봉창을 가만히 두드리던,
아득한 그 두드림 소리가
메밀꽃밭 속에서 금방이라도
들릴 것 같아
숨이 멈춰지는구나.
너는 가만히 문을 열고
떡이나 감홍시, 알밤이나 고구마를 들이밀곤 했지.

아, 그때 동백기름 바른 네 까만 머릿결 속에
가락 같은 가르맛길이 한없이 넓어지고
가르마 너머 두리둥실 떠오르던 달과
동정깃같이 하얗게 웃던 네 모습이
지금도 잡힐 듯 두 손이 가는구나.
생각하면 끝도 갓도 없겠다.
강 건너 나뭇짐을 받쳐놓고
고샅길을 바라보면
총총걸음하는 네 물동이 속 남실거리는 물에
저녁놀이 반짝일 때
나는 내 이마가 따가운 것 같아
이마를 문지르곤 했었다.
어쩌다 사람들이 있을 때
어쩌다 고샅길에서 마주칠 때
너는 얼른 뒤안으로 달아나거나
두 눈을 내리깔고 비켜서곤 했었지.
네 그 치렁치렁한 머리채와
빨간 댕기.

오늘밤도 저렇게 달이 뜨고
네가 살던 집터는 이렇게 빈터가 되어
메밀꽃이 네 무명적삼처럼 하얀한데
올려다보는 달은 이제 남 같고
물소리는 너처럼
저 물굽이로 돌아가는데,
살 사람이 없어
동네가 비겠다고
논밭들이 묵겠다고
부엉부엉 부엉새가
부엉부엉
저렇게도 울어대는구나.

풀꽃

우리 어디서부터
그리움 있어 매양 그리웁고
그 그리움 만나 흐드러지게 피려
목말라 애태우며
쓰러지고 일어서며
피 흘려 싸웠으니
흘린 피 땅에 강에 스며들고
뼈에 사무쳐서
이 땅에 몸바친 우리 사랑은
우리 빛,
우리 물,
우리 바람 찾아
산에 강에 언덕에
어머님 고추밭 가에도
이름 찾는
풀꽃으로 줄기차게 피어
더욱 곱고

불이여! 불이여! 산불이여!

허리 아픈 봄이로다
언땅을 녹여 가르며
멍든 가슴을 풀어헤치고
감긴 눈을 치뜨고
막은 귀를 뚫으며
잠긴 문을 박차고
굳은 혀를 녹여
가로막힌 철조망을 뜯어내며
아아, 새살 돋는 외침
먹장구름을 헤치며
푸른 하늘 향해
몸부림쳐
솟구치는 함성이로다
산, 산을 넘고
들, 들을 건너
동해 서해 남해
압록강 두만강 국토 저 멀리
우리 땅 왼갖 잡것들

쫓아내며 태워버리는
잡을 길 없는 시원한 불길,
불이여!
불이여!
산불이야!

밥과 할머니

세상이 뒤숭숭할 때마다
이럴 땐 이런 소리
저럴 땐 저런 소리
쉬파리 똥 속으로
이리저리 옮겨다니며
코에 걸고 귀에 걸고
아무데나 꿰어 걸고
이 소리 저 소리
옳은 뭔 소리에다 또 그 소리
뻔한 세상 어렵게 만들며
신문지에 대문짝만한 얼굴 내밀고
텔레비에 몸 제끼고 버티고 앉아
자기 자식들은 외국에
들어가 있다면서
(들어갔다가 아니라 나갔다가 맞는데도)
그들은 하나같이
경제안정에다 통일 어쩌고 저쩌고
꺼떡하면 진후세대는, 젊은이들은

전쟁을 겪지 않아 뭘 모른다느니
도덕이 마비되었다느니
윤리가, 그놈의 알량한 그들의 윤리가
어찌저찌 됐다느니
게거품을 물면서도
누가 분단의 책임을 져야 하고
누구들 땜에 나라가 요모양 요꼴인지는
말하지 않으면서
누가, 어느 누가 그 향기로운
도덕을 마비시켰는지는
숫제 뻥긋도 안하면서
꺼떡하면 맨맞한 백성들만 나무라며 헌다는 소리들이
우리도 이제 이만큼 살면
조금만 더 참으면
(저그들은 한번도 안 참은진 모르고)
중진 선진 어쩌고 저쩌고
말끝마다 한국사람은, 한국사람은 하면서
끝에 가서는

그 속 들여다보이는 애국이요 반공이요 희생정신
똥싼 주제에 매화타령 하면서
요새는 건강을 위해 골프를 친다면서
윗물을 꾸정꾸정거리고 있는
뭔 박사 뭔 박사 미국 박사 어디 박사
무슨 고문, 무슨 위원, 전문가라는 역사적인 거창한 인사들보다
평생을 농사꾼으로 늙으신
우리 할머니가 더 좋다.
세상이 골백번 변한 것 같아도
실은 변한 것은 언제나 그 속이 그 속으로
저그들 끼리끼리 옥작옥작 들쳐먹는지 어쩐지도 모르시며
자기 땅에서 자기 일을 다 하시며
그저 농사일 아니면
이 논밭뙈기 아니면
죽는 줄만 알고
주을둥 살둥 뼈가 부서지드락 일을 하시며

하늘의 일곱 칠성님네
산에 산신령님
물에 용왕님네, 길에 길대장
당산나무 당산님네랑
함께 늙으신 할머니,
동학혁명 이듬해에 나셔서
온갖 세상풍파에 시달리고 부대끼시면서도
그저 조상님네 섬기며 사신 할머니,
전깃불도 쓸 줄 모르시고
그 좋다는 선진조국도
그 좋다는 팔륙 팔팔도 모르시지만
지금도 봄이 오면
텃논 논두렁에서
삼짇날 숙떡 달떡 해먹을 쑥도 캐시고
가을철엔 지팡이 휘두르며
우여우여 닭을 쫓고
훠이훠이 새를 쫓고
고추 담고 콩 가리고

작은집 큰집 다니시며
홀로되신 우리 어머님더러
혼자 어떻게 험헌 농사 지면서 살끄나
그저 독헌 맘 묵고 살아라고
염려도 해주시는
우리 할머님이 좋다.
구, 구시대에도 그래놓고
맨날 구시대를 나무라며
입이 열 개라도 할말 없는 사람들 위에 두고
똥 묻은 줄 모르고
겨 묻었다고
입만 뻥긋하면
덴마크요 이스라엘
입만 뻥긋하면
미국에서는, 일본은, 또 어디는
꼬치꼬치 따져서
밥먹고 똥싸고 걷는 것까지
그들이 보면 어떻게 생각허겠냐고

뭣이든지 거기다 꿰어맞추며 나무라는
알랑하고
뻔뻔하고
낯짝에다 철판 깔고
똥 뭉개고 앉아
제 똥 구린내 나는지 모르고
한술 더 뜨는
줏대 없고 넋 빠지고
창사 없는 인사들보다
나는 할머님이 더 좋다.
내가 어디 가려고 인사드리러 가면
국민학교 선생인 나더러
면에서 나왔소,
조합에서 나왔소,
산림계에서 나왔소 하시다가
너도 인자 서울로 갈래, 하시는
할머님이 나는 눈물겹도록 좋다.
일제 이제 그제 또 그 공화국

보리밭에 길내놓고 다니며
밟고 뭉개고 쥐어뜯고 빼앗은 것 같아도
실은 하나도 안 빼앗기신 할머니.
일제 때 삼일만세 때
육이오 난리통에
다짜고짜 어느 편이냐고
바른 대로 불라고
몽둥이 들이대고 주리틀고
총칼 들이대며
손목만한 대나무가 박살이 나드락
할아버지 등짝을 두들겨팰 땐
오장육부가 뒤집히고
속에서 천불이 나고
끝내는 육이오 난리통에
총맞아 돌아가신
남편 시체 부둥켜안고
언 강을 치며 하늘 원망하며
울었다는 할머님.

손자손녀가 고손자까지 쉰 명이 넘어도
이 잡아주고 머리 감겨줄 손녀 하나 없고
화롯불 하나 담아다 줄 손자 하나 없이
산중에서만 사시는 할머님의
죽음꽃 핀 갈퀴 같은 손을 보면
나는 서럽고 목이 메어 말을 잇지 못하지만
곧 일곱 칠성님네가 나를 데려간다며
나, 죄진 일 하나 없다며
얘야, 장구 좀 가져오너라
정월에 굿소리를 안 냈더니
텅텅 빈 소막 돼지막 헛청 여기저기
귀신들이, 오만 잡귀들이 득실거린다며
손자라고는 너 하나밖에 없고
니가 제일 좋다며
너는 서울 가지 말라시며
어쩌다 동네 사람들이 웅성거리기만 해도
오늘은 누가 또 서울로 간다냐,
뭣이던지 서울로 다 가져가는구나 하시는 할머니.

같이 밥이라도 먹을 때는
아나, 더 묵어라
뭐니뭐니 해도 배가 든든해야 한다며
덜덜 떨리는 손으로
퍼서 준 밥이 나는 목에 걸려
밥과 눈물을 꿀꺽꿀꺽 삼키면
얘야, 천천히 묵어라,
빨리 묵는 밥이 얹히느니라 하시는 할머니,
우리 할머니가 좋다.

고춧값

어머니,
올해도 어머니 맘과 하늘의 마음은
서로 잘 맞아 곡식들이 이렇게 저렇게
소담스럽습니다.
사람들은 콩 심으랄 때 고추 심고
고추 심으랄 때 콩 심었으나
어머님은 이제나 저제나 고추를 심으셨습니다.
저렇게 보기도 좋은 곡식을 자식들같이 가꾸어
이렇게 먹기도 좋게 다듬어서
누구 좋은 일만 시키고
어머니, 어머님은
쭉정이나 벌레 먹은 것들을 잡수시며 사셨습니다.
잘되면 잘되어 걱정
안되면 안되어 걱정으로
고추가 저렇게 불송이같이 이글거리는데
어머님과 한마디 상의도 없이
올해도 고춧금은 똥금입니다.

이 땅의 이 사람들

우리 대대로 땅 파먹고 살면서
스스로 발등 찍고 싶은 일 어디 한두 번이었으랴
허리 펴려 들 때마다 두들겨맞고
닭 잡아먹고 오리발 내밀어도
정 못 떼고 정 다시며
믿던 도끼 발등 찍혀
된장 발라 동여매고 살면서
우리들끼리는 물싸움으로 웬수같이 싸웠어도
내가 눈이 뒤집혔제
내 논만 논이간디
본마음 아니었어
본마음으로 저녁잠 설치고
날 밝아 서로 웃으면 그만인
물꼬에서 살았어도
가재는 게 편들이 이간질로 쌈 붙여 등 터져 피 흘려도
다 내 탓이라고, 우리 죄라고
우리 못난 죄로 살아가고
초록은 동색들이 똥 보고 된장이라고

눈 부라리며 읃박질러
등 치고 간 빼돌리더라도
썩은 속 거듭 썩여
이 논 저 논 뿌려
쌀 보리를 가꾸면서
죄없는 지게목발이나 두들기고
맥없는 세간살이나 부수며
애꿎은 징 장구나 쳐돌리며
못 배운 게 죄여
가난하고 무식헌 것들이 뭣 알간디
어련히들 알아서 잘들 헐라고
일은 시키는 대로 허고
밥은 주는 대로 먹으면서
그러네 저러네 혀도
내 나라 내 땅
내 살붙이들뿐이여
피는 못 속여
저그덜이라고 팔이 안으로 굽제 밖으로 굽겄어

설마 우리덜꺼정 어쩔라고
설마설마 하다보면
설마로 사람 잡는 이 땅에서
눈 있어도 눈 감고
입 있어도 입 닥치고
귀 있어도 귀 막고
벙어리 냉가슴으로 살며
나라 안팎에 큰일 날 때마다
피 흘려 일 추려놓고
혹시나 혹시나 믿다보면
그 식이 그 식으로
혹시가 사람 잡는 이 땅에서
믿던 도끼 발등 찍혀
찍힌 발등 거듭 찍혀
돌아앉고 돌아앉아
찍힌 발등 쓰다듬으며
그런 소리 말라며
하늘 보고 침 뱉기여

입이면 다 입이고
말이면 다 말이냐고
주둥팽이 조심허라고
착한 자식 타이르며
이만큼이라도
발등 성헌 것
다 나라님네 덕택이라고
들여다본 발등 자꾸 들여다보며
나라님덜 덕분으로
꿍꿍 살아가는
이 땅의 이 사람들.

사랑하는 너에게

네가 잠 못 이루고 이쪽으로 돌아누울 때
나도 네 쪽으로 돌아눕는 줄 알거라.
우리 언젠가 싸워
내게 보이던 고운 뺨의 반짝이던 눈물
우리 헛되이 버릴 수 없음에
이리 그리워 애가 탄다.
잠들지 말거라 깨어 있거라
먼데서 소쩍새가 우는구나.
우리 깨어 있는 동안
사월에는 진달래도 피고
오월에는 산철쭉도 피었잖니.
우리 사이 가로막은 이 어둠
잠들지 말고 바라보자.

아, 보이잖니
파란 하늘 화사한 햇살 아래
바람 살랑이는 저 푸른 논밭

화사한 풀꽃들에 나비 날지 않니.
(아, 너는 오랜만에 맨발이구나)
이제 머지않아 이 얇아져가는 꿉꿉한 어둠 밀려가고
허물 벗어 빛나는 아침이 올 것이다.
그러면 우리는 화창한 봄날 날잡아 대청소를 하고
그때는 우리 땅에 우리가 지은 농사
쌀값도 우리가 정하고
없는 살림살이라도
오손도손 단란하게 살며
밖으로도 떳떳하고 당당하자꾸나.
그날이 올 때까지 잠들지 말고
어둔 밤 깨어 있자꾸나, 어둠을 물리치며
싸우자꾸나, 아침이 올 때까지
손 내밀면 고운 두 뺨 만져질 때까지
그리하여 다리 쭉 뻗고 곤히 잠들 때까지.
네가 뒤척이는 이 밤
나라고 어찌 눕는 꼴로 잠들겠느냐.

산앵두

그런 맘 먹은 적 없어요
청개구리 구슬피 울고
소쩍새 속절없다 우는 밤
정자나무 그늘에 앉아
강 건너 달맞이꽃 바라보며
슬픈 세상 세월 사랑에 눈떠
해맑은 내 님 그리며
보이잖는 속울음 삼켰을망정
푸른 산허리
빨간 산앵두 풀잎새에 두고
생이별 같은 그런 모진 맘
달빛 아래 야속하게 흩뿌린 적 없어요

꿈에라도 그런 맘 먹은 적 없어요
가난한 사람들이
삽과 괭이 육신으로 지킨
가난한 땅이
저렇게 착한 진답으로 누워

푸른 하늘 아래 곡식을 키우는데
꿈에라도 사람하고 웬수질
그런 맘 땅에 심고
푸른 하늘에 던진 적 없어요

앞산 뒷산이 저물어
앞내에 모아질 때
밭에서 돌아오다
손발 식히는 징검다리
대낮에도 글에는 까막눈이지만
나무는 뿌리가 있어야 허고
새암은 물이 있어야 허고
사람은 양심이 있어야 헌다고 하시는
마른 흙덩이 같으신
우리 어머니 옆에 앉아
맑은 강바람 쐬며
인간 세상에 죄 될
피비린내 나는

그 몹쓸 생각 곱씹어
저 푸른 물결에 띄운 적 없어요

하시라도 그런 맘 먹은 적 없어요
이렇게 풀꽃 가득 피는 강변
신 벗어 들고
풀밭을 걸어
아버지 풀짐 아래서
해맑은 햇살, 바람 쐬며
낫자루 움켜쥐며 사람 맘 아닌
그런 맘 새로
풀잎새에 키운 적 없어요
바람 살랑여
햇살 비치는 속살 깊이 흐르는
이 맑은 피로.

제 3 부

밥값

온 동네가 비어갈 때
조합청사 새로 짓고
기계영농 권장될 때
조합빚만 늘어간다.

복지농촌 경제교육
비료값이 올라가고
영농교육 받을 때는
수매값이 동결된다.

문전옥답 새마을길
서울길이 빨라지고
한 밭뙈기 두 밭 되고
한 동네가 두 동네라
자가용만 왔다갔다
미국 일본 빨리 온다.

풍년 소리 드높을 때

수입 쌀이 늘어가고
돼짓금이 똥금 돼도
사료값은 그대로요
수입 고긴 늘어간다.

지게 져서 농사 지면
트럭 타고 가져가고
구정물로 축산하면
재벌들이 목장하며
병든 소를 들여와서
외양간이 비어갈 때
관료들은 살이 찌고
농민들만 골탕먹네.

운동장이 빽빽할 때
일손들이 모자라고
국제잔치 벌일 때는
주름살이 늘어가고

병든 세상 더 병들며
노동현장 농민현실
외면되고 오도된다.

굽은 등이 휘어질 때
빌딩들이 높이 솟고
재벌들이 살이 찔 때
뼛골들이 비어가고
다국기업 차관경제
수출 적고 수입 많고
민족자본 종속되고
매판자본 살이 찌며
임금이 동결돼도
지엔피는 성장이니
이게 무슨 소리당가
저임금에 저곡가
백성들만 배곯는데
이게 무슨 소리당가

한탕주의 물신주의
관리 부패 일삼으니
누가 믿어 누가 믿어
정의복지 누가 믿어
재벌들이 짊어진 빚
백성들이 물어대니
외국빚에 숨막힌다.

농사 질 땅 골프 치고
기름진 땅 재벌 토지
먹고 놀기 관광단지
금수강산 망가지고
저그 놀면 문화창달
우리 놀면 퇴폐풍조
먹고 놀아 개판치며
질서질서 외쳐대니
민족문화 민족정신
민족정기 개판된다.

권장되는 볍씨 종자
화학비료 땅이 죽고
병해 냉해 농약공해
농약하다 사람 죽네.

금준미주 농민혈
옥반가효 농민혈
촉루락시 농민혈
가성고처 농민혈
피와 눈물 살이 터져
여기저기 미어지면
여기 막다 저기 막다
어먼 데를 틀어막다
여기저기 터지면은
을박질러 입을 막고
불때면서 굴뚝 막고
텔레비로 눈귀 막다

터진 자리 또 터지면
언 발에다 오줌 싸고
닭 잡아먹고 오리발에
눈 가리고 아웅하며
죄도 없는 국민들만
국민총화 경제건설
물가안정 나무라며
근검절약 나무라며
구시대만 나무라네.

눈은 떠서 호화찬란
입은 살아 중진선진
좋은 말은 가둬두고
사이비가 판을 치며
좋아졌네 잘산다네
허구한 날 야구 축구
활딱 벗고 잡질하며
놀아라 벅어라 입어라

잘산 곳만 사진 찍어
키 큰 소리 뻥뻥 치며
힘의 논리 강조될 때
대리전쟁 위태롭고
민주자유 탄압받고
언론자유 억압되고
민족정신 극소수라
이리저리 몰아댈 때
삼자회담 사자회담
오자회담 육자회담
자유우방 집단안보
혈맹안보 말로만 몇자회담
우리 민족 우리 통일
저그덜이 뭣이간디
지가 뭐여 지가 뭐여
감을 놓고 배를 놀 때
휴전선이 고착되며
민족존립 위태롭네.

국회질문 작게 하고
정부답변 크게 하고
학생 소리 안해주고
즈인 소리 크게 하고
하라는 짓 해야 할 짓
어먼 데로 눈 돌리며
흐르는 물 막아대며
엉뚱한 짓 열을 내며
지방자치 감춰두고
지방시대 외쳐대니
기업신문 기업언론
선거때만 찾아오는
국회의원 못 믿겠네
여의도를 못 믿겠네.

농촌인구 줄어들 때
서울이 병이 들고

빈 집 빈 논 빈 길 빈 맘
한숨소리 땅 꺼지며
늙고 병든 몸으로는
이 빚고개 못 넘겠네.

조선천지 민중들아
대한천지 민중들아
우리 한표 도로 찾아
민중 민주 민족으로
못살아도 제발 좋다
땅을 찾고 쌀금 찾고
인심 찾고 양심 찾고
몸값 밥값 통일 찾아
대명천지 밝은 세상
다리 펴고 허리 펴고
북쪽도 우리 땅
병든 살을 도려내어
썩고 곪은 피 짜내어

사람답게 살아보자
사람답게 살아보세.

분단 팔고 민중 팔고
양심 팔고 선진 팔고
팔고 팔고 팔팔 팔고
문화 팔고 사람 파는
우리 조선 사람들아
미국 일본 중공 소련
정치경제 문화침투
민족정신 민족문화
민족존립 위태롭다
금방 살고 죽을 거냐
피로 지킨 우리 조선
밥값 내놔 밥값 내놔
밥값 해라 밥값 해라
농민새가 소쩍소쩍
근심걱정 태산 같다

똘똘 뭉쳐 민족새가
밤을 새워 통일새가
밤을 새워 민주새가
이대로는 큰일난다
밤을 새워 우는구나.

땅에서

그대가 보고 싶을 때
보고 싶은 마음을 달래며
저무는 강으로 갑니다.
소리없이 저물어가는
물 가까이 저물며
강물을 따라 걸으면
저물수록 그리움은 차올라
출렁거리며 강 깊은 데로 가
강 깊이 쌓이고
물은 빨리 흐릅니다.

그대여
더 저물 길이 막혀
내 가만히 숨 멈춰
두려움으로 섰을 때
문득 저물어 함께 떠나는
저기 저 물과 소리.
아, 오늘은 나도 몰래

어제보다 한발짝 먼데까지
저물어 섰는
나를 보겠네 땅을 보겠네
발밑 우리 땅을 보겠네.
알겠네 그대여
사랑은 이렇게 한발짝씩 늘려
우리 땅을 얻는 기쁨이라고
사랑은 이렇게
저렇게 저녁 노을 떠나가는
아름다운 하늘 아래
저 푸른 물결 와닿는
우리 땅을 찾아
우리 땅에 들어서는
설레이는 가슴
이렇게 한없이 떨리는 기쁨이라고.
그대여
그대 어두워 발 다치는 저문 강길로
저물어 와 우리 같이 설 때까지

나는 끝없이 피 흘리며
우리 땅을 넓히고
그대는 물 같은 고른 사랑으로 와야 하리.
그대 가만히 불러보면
이 땅 어느 끝에서나
그 보드라운 물결 같은 가슴으로
물결쳐오는
땅끝에서
다친 발 내려다보며
어둔 땅을 향해 피 흘리는
이 그리움.

섬진강 댐에서

정든 길을 코앞에 두고
얼마나 흐르고 싶은 심정이랴
흐르고픈 마음들을
서로 부둥켜 얼싸안고
물은 갇혀서도
저렇게 시퍼렇구나
깊을수록 저 깊이에는
푸른 하늘 한자락 보이지 않고
다정한 산굽이 하나 보이지 않는구나
굽이치지 못하는 슬픈 물굽이들이
얼마나 크게 힘쓰기에
물은 저렇게 흐를 길이 막혀도 썩지 않고
캄캄하도록 시퍼렇게
제 깊이를 만드느냐

구보 막을 때
제가 키운 전답들을 다 삼키고
신보 막을 때

길을 두고 뫼로 올라온 사람들이
옛길을 찾아 걷다가
배를 띄워
물위로 옛길을 가는구나
물은 출렁이지 않아도
이 세상이 다 저물어
두어 가옥 산속의 집들도 저물어
물 안에 들게 하는구나
부서지며 청산을 부르던
정다운 물소리들이 목에 감겨 있어도
청산을 물 깊이 저물게 하여
청산을 물위로 일으켜
넉넉하게 세우는구나

무엇이 무너지느냐
평등의 힘으로
물은 길이 아닌 뫼를 넘어
얼마나 큰 사랑으로 무너지기에

김제 만경 들판이
저렇게 캄캄하게 소리치느냐
무어라고 소리치느냐

고향

한번 왔다 가는 이 세상
살면은 얼마나 살겠다고
울고 갔던 타관길
들꽃 피는 고향길에
꽃상여로 왔구나
앞산 뒷산 오동동
오동꽃이 피어
흰나비 노랑나비 훨훨 날아
이 건너 저 건너 물 건너
이 산 저 산 청산을 나는데
한번 왔다 가는 저 세상
잘 가소, 잘 있으소 눈짓도 없이
물 건너 저 건너
녹수야 청강 건너서
오월 청산을 가는구나
저 세상에 드는구나.

오월 편지

누이들에게

보내준 편지 잘 받았다
오월에 찍은 사진은 화사하게 어여쁘구나
너희들이 자라서 가난한 대로
너희들을 서로 헤아리며
두 손 마주잡고 곱게 웃었으니
나무와 나무 사이 돋아나는 풀잎새
오월은 푸르르고
이쁜 구석들이 다 보이는구나
한솥밥 먹고 자라난 우리
누가 더 이쁘고 어느 하나가 미우랴
이 나라 고운 하늘 아래서
이 순간 나도 한짐 가난을 벗고
머리를 씻어올리니 앞산 앞내가 개는구나
물속 발이 이쁘던 누이들아
행여 잊지는 말거라
우리 지울 수 없는 가난한 날들
배고파 우는 너희들을 업고 손잡고
밭매는 어머니 찾아 가고 오던

산길 강길
찔레순 뜯어먹던 하루해가
해 지는 강가에서 한없이
길고 길었느니라
풀꽃 핀 강변에 내려놓으면
토끼풀꽃 자운영꽃을 따먹던 누이들아
너희들이 살고 내가 이 땅에 사는 동안
갈가리 찢기고 갈라진
어머니 손등 발등
금간 우리들의 가슴에
찾아들지 않는 오월 햇살 대신
흙 들고 가난 들어
소쩍새는 손톱 기를 새 없이
울어 땅이 애리고
아버지는 흙바람 속에
눈 비비며 지게 지고 걷는
설운 황토인지라
혹여 저 도회바람에 두 눈 다 팔지는 말거라

그게 이 땅에 사는 삶일지라도
생각하면 이 땅은 너무 설운 땅이니라
누이들아
생각하건대
배고픈 데서 허기로 핀 꽃들은
더욱 눈부시더라
진한 그리움에 타고
절실한 사랑을 얻어라
사랑하고 사랑 때문에 괴로워하고 슬퍼하며
기쁜 눈물도 고운 발등에 떨구거라
사랑으로 흘린 눈물은
저 하늘가를 돌아와 땅에 떨어져
풀꽃들이 저리 피나니
너희들이 딛은 땅은 피 흘린 사랑으로 굳세고
너희들이 이고 있는 하늘은
타는 사랑으로 저리 푸르나니
누이들아
맞잡은 손을 더욱 굳게 깍지 끼어 굳세거라

너희들이 저쪽 오월 하늘을 보노라면
나는 웃음보다는 설운 눈물이 앞을 가리나
다 자란 너희들 앞에서
어느덧 나도 울음을 삼키며
한짐 설움도 벗고 웃고 있구나
누이들아 저 사진 위로는
지금 공원에 아카시아꽃이 만발했겠구나
아무쪼록 매사에 찬찬하고
험한 세상 거친 세월
이 세상 이 사람들에게 다정하여라
너희가 자란 강변 작은 마을에서
오월에 큰오빠가 어머님 곁에서 씀.

할아버지 제삿날

할아버지
우리들 뜬눈 앞에서 집이 불타고
아, 벌겋게 불타는 살림살이들 앞에서
마른침 꿀꺽이며
얼굴 이글거리며
목타시던 할아버지

명베 삼베 홑바지
살을 에는 강추위 속
그을린 피란 봇짐 지고 들고 메고
쩌렁쩌렁 금가는 언 섬진강
온몸 피투성이로
넘어지며 일어서며 건너시던 할아버지
곱은 갈대손 호호 불며
이리저리 쫓기며
아니라고 아니라고 그게 아니라고
오른손 왼손 흔들다
두 손 함께 휘저으며

그게 아니라고 그게 아니라고
우리들 앞에서 총맞아
얼음장 위에 피 번지던
아, 착하신 할아버지
뒤꿈치 다 닳아진
짚세기 한짝 불끈 쥔 손
얼음에 박혀
얼음도 손도 신도 서로 놓지 않고
꽁꽁 얼어 있던 할아버지

그때도 이때도
아니라고 그게 아니라고 손 흔들며
저 하늘이 푸르다고 가리키면
금방 먹칠해 지고
손 잘리는 우리들
할아버지
눈 감고 귀 막아도
이 징도 어디를 다 틀이막이도 들려요

산 울리던 총소리
보여요
핏빛으로 옷자락 펄럭이며
쓰러지시던 할아버지.

부활

4월에

피 묻어 선연한 새벽 낯빛들
찢긴 가슴 펄럭여
그리운 그 얼굴들 그리워
밤이면 밤마다 잠 못 이루고
날이면 날마다 걷던 걸음
우뚝우뚝 멈춰 서는
소쩍새 길길이 울어 넘는
삼사오월 저 고갯길
펄펄 죽은 몸 펄펄 살아
잡는 손 풀뿌리 뿌리치며
한 많은 고개
산, 산 넘고 물, 물 건너
훌훌 단숨에 타는 가슴
불길로 오라
못 견디게 그리운
새벽 낯빛 그 고운 얼굴들.

오월

하종오에게

사월에 졌던 꽃
오월에 피로 풀어 싸웠다
피로 적신 몸들도
오월에는 이렇게 푸르러지고
강물은 씩씩하게 달리는구나
살 썩은 땅에
풀들은 더욱 우북하게 자라서
꽃들을 피워내며
하늘로 서슴없구나
우리가 무엇으로 살아서
살아생전
저 풀꽃들을 위로하며
꽃 옆에 다정히 앉아볼까
이 강토 어디를 쓰다듬은들
손금마다 피 고여 흐르지 않고
눈동자마다 핏발 서지 않겠느냐
어느 세월 어느 삶에 손 넣은들
쓰라려 목메지 않겠느냐

죽으면 썩을 삭신
살아 서서
딛은 땅이 흔들리고
여윈 등뒤 함성도 듣겠구나
이 하늘 아래서
우리가 무엇으로 살아 무엇을 이룰까
죽어 아낌없이 피운 꽃들
살아 못 지킨다면
우리가 죽어
어느 풀잎으로 시신인들 덮겠느냐
오월 하늘 아래서는
땅 위로 진 것 하나 없고
땅속에 귀먹은 것들 하나 없구나
사월에 딛던 맨땅
오월에 딛어 못자리도 푸르르고
보리 속에 깜부기도 눈을 감고 패는구나
무엇을 바라볼까
지게 잡은 놈이

송장짐 지더라고
송장짐이란 송장짐은 다 짊어진 채
목메어 청산을 부르며
슬픔으로 떼는 발길
기쁨으로 얻어 딛고
기쁨으로 딛는 발길
피눈물로 떨어지며
작대기도 없는 논밭두렁
자운영꽃이 피는구나.

너무나 그리들 말더라고

너무그리 말더라고 너무그리 말더라고
새벽같이 일어나서 물길어서 밥을짓고
밥넘겨서 재져놓고 고추갈아 김치담고
아침먹고 설거지 설거지를 한둥만둥
고추널고 닭내놓고 콩깨수수 널어놓고
일을가며 염소매고 헌빨래를 빨아널고
고추따다 깨를털고 팥거두고 콩거두고
밤따다가 감을따고 피를뽑다 명거두고
호박따다 벼를베고 허리펼수 없는데다
너무그리 말더라고 너무그리 말더라고
들판에서 돌아올때 이고지고 들고메고
한몸에다 두세지게 치맛자락 불붙는데
밥차려서 점심먹고 윗목에다 밀쳐놓고
고추뒤적 참깨뒤적 콩팥수수 투덕투덕
참깨들깨 탈탈털어 여기저기 널어놓고
후여후여 새를쫓고 돼지밥에 소밥주고
워이워이 닭을쫓고 눈코뜰새 없는데다
너무그리 말더라고

해저물어 돌아올때 염소새끼 몰고와서
고추담고 빨래걷고 참깨수수 콩팥담고
여물쑤고 밥을허고 허리펼수 없는데다
이장반장 면서기들 감사온다 야단이며
면장온다 청소하라 군수온다 청소하라
저녁먹고 설거지 썩은고추 가려내어
배죽죽죽 타서널고 호박조각 감잣대를
다듬어서 추려놓고 품앗이로 감을깎네
말도마라 말도마라 일할수록 태산인데
혀도혀도 너무허네 입때저때 요때저때
그택이택 도로이택 뼛골들이 빠지는데
복지농촌 기계영농 입만열면 그소리
한나라에 살면서 너무그리 말더라고
어떤놈은 그렇고 어떤놈은 이런다요
테레비에 편히앉아 가을피부 영양크림
손톱청소 발톱청소 입맛밥맛 영양식에
미용체조 살빼기에 디스코가 뭣이다요
콘도골프 해외여행 미제일제 프랑스제

이쁜여자 옷벗겨서 이화장품 저화장품
가을정취 농촌풍경 말이좋다 말이좋아
너그덜만 입이있고 너그덜만 사람이냐
테레비에 편히앉아 씨알머리 없는소리
너무그리 말더라고
부엉새가 우는구나 부엉새가 우는구나
서울에간 내딸들아 화장품을 만든딸아
일손들이 모자란다 사우디간 내아들아
사람없다 부엉부엉 일만하고 놀인없다
곡식금은 똥금부엉 돼짓금도 부엉똥금
사람없음 서울가고 놀이없음 여의도가
일손없음 기계사고 억울하면 이사가고
못살면은 잘살아라 알겠느냐 부엉부엉
새벽녘이 올때까지 부엉새가 우는구나
아이고대고 아이고대고 부엉새가 우는구나
너무나 그리들 말아라 부엉새가 우는구나.

밭

아가
새며늘아가
내 시집와서 보니
식구가 열셋이더라
바가지만한 뚝배기에 밥을
퍼담아놨다가
낮밥 먹을 때
이 그릇 저 그릇 퍼주고 나면
수수밥티 하나 안 남더라
부엌바닥에 쭈그려앉아
뚝배기에 맹물을 부어
김치 한번 집어먹고
맹물 한모금 마시고
김치 한번 집어먹고
물 한모금 마시다보면
맹물로도 어느덧 배가 부르더라
긴긴 여름낮
얼매나 식은땀이 흐르고

얼매나 해가 길었었는지
서산을 골백번도 더 바라보며
콩밭을 맸단다
시어머니 손윗동서
시동생에 시누이들
여름에는 삼베빨래
언 강 깨고 무명빨래
손이 쩍쩍 째지면
모자란 젖을 짜서
쩍쩍 갈라진 생살 틈에 흘려넣으면
얼마나 쓰리고 아렸는지
제금 나와 살면서
허기진 배 움켜쥐고
풋보리 잡아 절구질
풋나락 잡아 절구질
허리띠를 졸라매고
무릎이 벗겨지더락
밤을 새워 삼품앗이

어치게어치게
밭을 장만했느니라
저 밭을 장만했을 때는
세상이 내 세상 같고
훨훨 날 것 같고
몇날 며칠 밤을 설쳤단다
아가
새아가
강 건너 저 밭을 봐라
저게 저렇게 하찮게 생겼어도
저게 나다
저 밭이 내 평생이니라
저 밭에
내 피와 땀과 눈물과 한숨과
곡식 무성함의 기쁨과 설레임과
내 손톱 발톱이 범벅되어 있느니라
곡식이라고 어디 그냥 자라겠느냐
콩 하나 심으면

콩은 서른 개도 더 넘게 달리지만
이날 이때까지
요모양 요꼴이구나
허지만 새아가
저 밭을 이제 누구에게 물려주고
손톱을 기르며 늙겠느냐
내 곁을 곧 떠나갈
새며늘아가.

눈길

일흔이 넘으신 큰집 큰아버지
예순이 넘으신 작은집 큰아버지
쉰이 넘으신 큰당숙과 나는
동네 어른 몇분과 함께
주머니 속 인감도장을 만지작거리며
띄엄띄엄 눈 오는 들길을 걸어
돈 한푼 없이 이자를 본자로 앉히려고 농협으로 간다

작은아버지가 조합장에 유임되려고 통일주체국민회의 대의원에 출마하여 선거자금으로 동네 사람들 명의로 조합돈을 써버리고
이장이었던 큰집 형님이 새마을사업을 하며
농약값 비료값을 밀어넣어버리고
둘 다 서울로 이사가던 날 밤
동네는 온통 울고불고 악을 쓰며
얼마나 난리였던가

조합 커다란 유리창 너머 펑펑 눈이 오고

조합장 옆 난로에는 물이 끓는데
조합 의자에 어색하게 앉아
우리는 환희담배를 피우며
스포츠 축제쇼를 보고 있는데
조합 서기들은 부지런히 도장을 찍고
웃어가면서 이리저리 서류를 넘기며
우리들에겐 말 한마디 없이
우리들 논과 밭과 산을 잡고
엄청나게 불어난 이자를 본자로
그 자리에서 융자받아 빚으로 앉히고
우리들은 멍하니 앉아
사무실 그림들만 구경하다가
어둑해서야 돌아온다
조합청사 앞 커다랗게 써붙인
농민에 의한
농민을 위한
농민의 조합이란 커다란 글자가 눈에 어른거리는데
큰아비지의 그치지 않는 기침소리를 따라

발이 푹푹 빠지고 미끄러지며
눈 덮인 들길을 돌아온다
눈은 어느새 그쳐 있고
논 가운데 세워논 볏짚단처럼
웅크리고 걷는 사람들 등허리에
별빛은 총총한데
늙고 병든 몸으로 이 길을 걸어
논갈고 못자리하고 모내고 농약 뿌리고 벼를 털어
우리는 또 이 길로
이자도 못 줄이고
이자를 본자로 앉히려고 내년에 또 조합에 가야겠지
어떻게 할 것인가, 이 전답들을
어떻게 갚아갈 것인가, 겁도 안 나는 이 많은 빚을
걸을수록 발길은 천근만근 무거운데
들판 끝 자욱한 동네 감빛 같은
불빛을 따라
팍팍한 눈길을 걷는다
돈 한푼 보지 못한 채

문서로만 이리저리 짊어진 빚
평생 빚 한번 후련히 갚지 못하고
다리 뻗어보지 못한 우리들
전답을 다 팔아도 이제는
남을 것이 없는 살림살이
우리는 남의 논 같은 논을 외면하며
썰렁하게 찬바람나는 남의 동네 같은
집으로 눈 속에 빠지며 걷는다
각자 집으로 헤어지며
조심들 허셔요, 조심들 허셔요 인사를 나누며
발자국 하나 없이 넓기만 한 고샅길을 들어서며
나는 울컥울컥 목이 메어왔다

저녁 내내 또다시 눈은 퍼붓고
이웃집 큰아버지의 불꺼진 방에서 들리는
잠 못 든 기침소리에
나는 돌아눕고 돌아누우며
조합 사무실에 철 지난 오바를 입고 앉아 계시던

큰아버지의 모습을 생각하며
눈물이 고여오는데
적막한 마을에 빗같이 쌓이는
눈 오는 소리를 겁먹으며 듣는다.

그분

그분은
손 시린 괭이자루 쟁기자루 움켜쥐고
언 땅 찍어 파고
이라자라 해 뜨고 지는 줄 모르고 논밭 갈고
집 들면
집짐승들을 살붙이처럼 정들여 키우셨다
어깨와 등짝 손바닥엔 괭이가 박혀
온갖 연장들을 받치고
죽으면 어깨와 등태자리부터 썩는다며
죽으면 썩을 삭신 아껴 무엇하겠냐고
풀짐 볏짐 나무 거름짐 지고
힘주어 일어서고 힘들여 걷는다
그분은
이른 새벽
안개 속에서
논두렁 끝에 지게 받쳐놓고
논두렁 풀을 가지런히 깎으신다
이슬 묻은 풀들에 옷 젖고 살 젖어도

논두렁 위로 가지런한 벼포기 모양이 그분의
사는 멋이셨다
그 싱싱한 벼가
세상 부러울 게 없는
삶의 든든한 믿음이셨다
아침밥 먹기 전 강 건너로
대여섯 번씩 거름을 져날라야
밥상머리에 맘놓고 앉으셨다
거름 지고 산길 오르시면서 쉬다
김나는 아침 강물을 바라보시며
담배 피우는 그 맛이 그분의
느긋한 삶의 휴식이셨다
그분은
앞산 뒷산 나무 한 지게 지고
산길을 내려오다
조상들 무덤가에 앉아 쉬며
흘러가는 강물을 보며
세상과 물을, 땅을 믿으셨다

땅은 어머니였고

강물은 아버지였고

나라였고 사랑이었고

땅과 물은 그분의 전부였다

그분은

민주주의, 자유, 정의, 민중, 역사, 경제, 학문, 분단, 애국, 새마을, 의식개혁 이런 말들은 모르셔도

봄갈이, 가을갈이, 가실, 못자리, 씨나락, 괭이, 삽, 지게, 작대기, 바작, 두레, 품앗이, 걸궁, 육자배기, 가뭄, 흉년, 공출, 난리, 이런 말들은

논물 풀물 몸에 배듯

밴 말들이었다

그분은

압박과 설움의 해방 때

북해도에서 돌아오셨다

육이오 때는 이놈 저놈 포탄짐도 져주고

배고픈 병사들 밥도 먹여주다

두들겨맞기도 하고

빨치산들도 두들겨패고
멋모르고 도망가서
숨죽여 가시덤불 밑에 숨어 지내셨다
사일구 오일륙 십이륙
시국이 팥죽 끓듯 할 때도
배운 게 지게질이어서
논과 밭에서 떠나지 않고
선거 때마다 시키는 대로 다 찍어줘
그들을, 그 어떤 이들을
호강시켜줬다
그분은
쌀과 보리 온갖 곡식이 하늘이었고
그리고 그분은
쌀로 싸우며, 쌀로 지키며
이 땅에 몸 바치며
밥같이 묵묵하셨다
그분의 봄은
진달래와 개나리 실버들로 오지 않고

결레나물, 쑥, 쑥부쟁이, 소루쟁이 같은
허기진 배 채워주는 나물로
언 땅으로부터 왔다
그분은 누구인가
우리는 누구이고
지금 우리는
어디를 딛고 서 있는가.

어머니 이야기

밭가에서

아들아
내 없이살아 못 배운 죄로
빼앗기고 살며
흉년 든 논밭뙈기 알곡식 훑어 씹어
피와 눈물과 사랑을 함께
불덩어리 같은 너의 몸에 흘려넣었느니라
숨소리 꺼져가다 살아났던 아들아
너그덜을 낳아 기르며
이 논밭 임자로 살고 싶어
그 난리통에도 찢어질 듯 우는
너그덜을 들쳐업고 멀리 도망가지 못하고
앞산으로 도망칠 때
여기저기 피 흘리며 쓰러지던 사람들
귓가를 스쳐 발 아래 콩튀듯 하던 총알들
얼매나 입이 바싹바싹 타고 쓴내가 나고 오금이 저리던지
간이 떨리던지
그때는 꼭 죽는 줄로만 알았느니라

우리가 뭔 죄였냐
우리가 뭔 죄였는지 아직도 난 모른단다
앞산 밭가에 굴을 파고
배고파 우는 너그덜 입을 틀어막으며
밤과 낮 따로따로 시달리며
풀뿌리 나무껍질로
모진 목숨을 연명했느니라
동네에 불을 지른 후
야야, 말도 마라 그 세간살이들이 다 타는데도
우리덜은 꿈쩍 못했느니라
이따금 너그 아버지는 개처럼 끌려가서
개처럼 두들겨맞을 때
나는 사지가 벌벌 떨리고
눈에서 불똥이 튀었느니라
헌 살강같이 살이 찢기고 터져
실신한 몸에
된장을 바르고 똥물을 먹이며
나는 피눈물을 쏟았느니라

오살헐 놈들 니 애비가 무슨 죄였니
농사 지은 죄밖에 없는 니 애비를
시방도 살아나온 굽이굽이 생각하면
눈물이 새로 나온단다
초근목피, 말들이 쉽고
보릿고개, 말들이 좋지
난리가 끝난 흉년 든 오월이었느니라
다슬기를 잡아 순창에서 된장과 바꿔오다가
(애야 그땐 된장만 있으면 살았단다. 아무 풀이나 된장만 넣으면 죽이 되고 허기진 배를 채웠단다)
네 동생을 밴 몸으로
어찌나 허기가 지던지
검게 익은 오디를 아귀아귀 정신없이 따먹고
식곤증으로 뽕나무 아래에서
세상 모르게 잠든 적도 있었단다
생각해보렴
오디를 환장한 사람처럼
따먹던 니 에미 모습을

깨어나보니 해가 뉘엿뉘엿 지고
갈길은 멀고 어찌나 겁이 나던지
얘야, 그 지긋지긋한 세상 세월을
이 터진 입으로 어찌 다 주워섬기겠느냐
뭐니뭐니 혀도 배고픈 것만은 못 참겠더라
눈에 쌍불을 켜고 먹을 것만 보면 환장허겄드라
한번은 어찌나 배가 고프던지
제사 때 쓰려고 도장 깊숙이 감춰둔 쌀을
돌라가지고 앞산 밭가에서 밥을 해먹다
너그 할머니한테 들켜
을매나 혼이 났던지
그때를 생각하면 시방은 우습구나
그땐 누렇게 부황들이 든 얼굴들이
무섭기까지 했더니라
얘야, 이날 입때까지
먹고 싶은 것, 입고 싶은 옷
나도 너그덜도
제대로 못 먹고 못 입으며

젖 보채고 밥 보채는
너그덜을 업고 데리고
모내고 밭매고 삼 삼아 베 짜며
(아이고 지금도 생각이 난다. 셋째를 낳을 때 한창 모내기철이었느니라. 배가 어찌나 부르던지 다리를 쭉 뻗고 못자리판에 퍼질러앉아 모를 찌다 배가 아파 집에 와서 셋째를 낳았느니라)
못 배운 게 하도 원이 되고 한이 되고 피가 맺혀
너그덜만은 지게 지게 하지 않으려고
손톱 밑에 흙 들게 하지 않으려고
소 키우고 돼지 키우고
한푼 두푼 피같이 애껴
어찌어찌 전답을 장만하고
내 살과 내 피와 내 뼈를 갈아
거름과 씨앗으로 전답을 걸구고
손톱 길 새 없이 논밭에 살았단다
이 손과 얼굴과 몸뚱어리를 봐라
이게 어디 온전한 삭신인가를

니 아부지 옷을 봐라
어디 성한 속옷 하나 있고
나들이할 빤듯한 옷 한벌 있는가를
우리 같으면 모든 장사꾼들 다 망할 것이다
어디 이발 한번 제때에 한 줄 아니
세월은 빨라
인자는 너그덜도 제 길로 한 길씩 자라
이래라 저래라 할 수 없다만
내가 죽으면 물려주려 뼈빠지게 장만한 땅이
이렇게 풀들이 우북하게 묵어가고
밤나무 감나무들은 쓸모없게 되고
외양간은 비었구나
고향도 전답이 있어야 고향이고
그러네 저러네 혀도 농사꾼은
땅을 갖고 있어야 농사꾼 아니더냐
인자 팔 만한 논밭은 없고
너그덜이 고향 떠나 뿔뿔이 흩어진 것도 서러운데
너그덜은 고향 떠나

타관에서 가난에 쫓기고
우리는 여기 남아 이날 입때까지
이제나 저제나 마찬가지로 사니
죽어나는 게 촌사람뿐이구나
왜 이런다냐
왜 이렇게 세상은 갈수록 험하고
살수록 기가 맥힌다냐
아, 글씨 농사 질 땐 몰라도
농사만 짓고 나면 맥이 풀리니
얘야
논 팔러 온 아들아
내 없이 살았어도
남의 눈에 눈물나게 허면
내 눈에선 피눈물이 나는 줄 알며 살았단다
세상 이치가 애비는 애비대로 따라간다는 말을 믿으며 살았단다
생각하면 할수록 목이 메어오고
설움이 북받치는구나

여기저기서
불쌍한 내 자식들아.

발문

우리 시대의 토박이

김 도 연

김용택. '시의 시대'로 불릴 만큼 어느 때보다 많은 시인을 배출하고 있는 1980년대의 시단에서 그의 「섬진강」 연작은 농촌시의 한 전형을 제시한 것으로 여러 사람들의 관심을 받고 있다. 나에게는 그가 주목받는 농촌시인이기에 앞서 맑은 심성을 지닌 자상한 형님의 얼굴이다.

용택형에게는 개인적으로 미안함이 한두 가지가 아니다. 임실과 서울의 거리만큼 이제까지 형과의 만남은 다섯손가락에 세일 정도이지만 그때마다 내 쪽에서의 부산함으로 차분한 대화의 자리를 마련하려던 형의 계획을 낭패시킨 적이 많았으니까. 아무리 착한 형일망정 '서울놈들(실상 나도 인천촌놈인데) 어지간히 생색낸다'고 서운한 감정이 없었을 리 있겠는가. 무엇보다 『시와 경제』의 맏형님으로 맞아들이기로 동인들 사이에서 합의된 지 일년 반이 넘도록 정작 동인지 문제보다 다른 부분의 일에 자의 반 타의 반 시간들을 할애하다 보니 아직까지 같은 지면에 형을 모시지 못함은 동인들 모두 변명의 여지가 없다. 그런 무례함에도 한심하도록 착한 우리의 용택형은 멀리서나마 이따금 우리가 벌이는 작업들에 대한 격려의 말을 잊지 않는다.

전주에서 순창 가는 지방도로를 한시간 반 가량 달리면 섬진강변 덕치에 다다른다. 거기서 산을 끼고 이십분 정도 들어가면 그가 나서 서른일곱 해를 그대로 살고 있는 장산리 마을이다. 섬진강 댐 덕분에 강(江)이라기보다 큰 내〔川〕로 전락한 섬진강을 끼고 앞뒤 산으로 막힌 마을, 임진란 때 피란처로 생긴 마을이라니 하긴 난리중의 피란처로는 안성맞춤으로 보인다. 나는 이곳을 두번 찾아보았다. 보름달이 휘영청 비치는 한여름 밤 수인사차 선명한, 박승옥 시인과, 두번째는 눈 덮인 겨울날 부친상 조문차 정규화, 황지우 시인과 더불어서이다.

작달막한 체구에 까무잡잡한 피부, 까만 안경테 너머로 헤프게(?) 웃는 용택형의 첫인상은 영락없는 토박이〔土種〕 한국인이었다. 모기들이 쥐어뜯는 토방에서 하룻저녁 정담을 나누면서 나는 그때까지 예상치 않았던 두 가지 사실에 새삼 놀랐던 기억이 새롭다.

당연히 기혼인 줄 알았던 그가 삼십대 중반을 넘기면서까지 여태 총각신세를 면치 못하고 있는 사실과 벽지의 시인답지 않은 정열적인 독서량이었다. 이즈음 농촌총각들의 결혼문제가 농민운동 쪽에서 심각히 제기되어온 실정이지만 그래도 시골에서 국민학교 훈장 노릇 하면 제법 식자층에 속할 텐데 이 문제가 용택형에게마저 적용되리라고는 미처 생각지 못하였다. 형 스스로 독신주의자가 아님을 명백히하면서도 당신의 처지를 농촌 일반의 당연한 그것으로 받아들이는 데 또한번 작은 충격을 맛보기도 하였다.

두 평 남짓한 그의 방은 간단히 돌아보아도 갖가지 종류의 책자들로 빽빽이 메워져 있다. 공식적인 정기간행물은 물론 대학신문의 쪼가리 잡문까지 그는 빠짐없이 읽어내고 자기대로 소화하는 습관에 훈련되어 있다. 이처럼 엄청난 독서량을 바탕으로 그는 오늘의 농촌모습을 무리없이 글로 정리해낸다.

그는 실상 전문적인 문학수업을 받은 적도 없다. 농림학교가 최종학력인 그에게는 이제 보면 그런 배경이 차라리 문학적인 성장에 큰 보탬이 되었다고도 보여진다. 이것은 문학청년 시절을 겪은 전문문인들 사이에서 간혹 나타나는 문자행위에 대한 허영심이나 객기가 적어도 용택형에게 있어선 애초부터 거리가 먼 것이었음을 의미한다.

그가 문학에 관심을 갖게 됨은 아이들을 가르치면서 동시나 동요 · 동화 따위들이 실제 현실과는 동떨어진 세계만을 그리고 있다는 교사로서의 자각에서 비롯되었다. 농촌현실에 맞는 동시 · 동요 · 동화 교육을 고심하는 과정에서 간단한 습작이 계기가 되어 오늘의 농촌시인 김용택을 만든다. 그는 틈나는 대로 임실 읍내나 전주 책방을 뒤지며 필요한 책을 닥치는 대로 구입하여 난독하였다. 문단에 등록하기 전까지 외부세계와 거의 단절된 생활에서 자기성찰의 시간을 충분히 가질 수 있었던 것이 김용택의 시가 단시일내에 시단에 일정한 뿌리를 내릴 수 있게 된 근본적인 배경이다.

이농, 저곡가, 농가부채, 어용화된 농협, TV공해…… 근대화정책의 철저한 희생양으로서 농촌문제에 대한 구조적인 분석이나 문학작품들이 숱하게 쏟아지면서도 설득력있는 글을 찾기가 쉽지 않음은 어떻게 설명되어야 할까. 글쓰는 이들의 선의의 노력에도 불구하고 대부분 외부의 시각에서 박제화된 문체로 상투적인 말을 되풀이할 때 신선한 충격을 기대함은 애초부터 무리일 수밖에 없다.

김용택 시의 기본적인 강점은 시인 자신이 좀 모자랐던(?) 탓인지 자기 땅에 그대로 눌러앉았던 덕분에 농촌의 실상을 농촌의 언어로 사실에 가깝게 증언해낼 수 있었다는 점이다. 삶 자체에서 그대로 걸러진 목소리가 굳이 거창한 구호나 분노의 표현을 빌리지 않더라도 잔잔하고 지속적인 감동을 주고 있는 것이다. 현장성에 근거한 삶의 언어로써 지금 그는 어느 시인이나 사회과학자보다 오늘의 해체된 농촌공동체의 모습을 생생히 그려내고 있다.

그의 시에서 두드러지게 주목되는 형식상의 실험을 간단히 검토해보자.

우선 방언이나 속어의 절묘한 사용이다. 이것은 자의적인 노력의 결과라고도 하겠으나 토박이 시인이라면 당연히 누리는 권리의 하나이기도 하다. 오늘의 농촌이 얼마나 구조적인 희생물인가를 고발한 「마당은 비뚤어졌어도 장구는 바로 치자」「너무나 그리들 말더라고」는 대단한 절창들이다.

4·4조 가락은 재래의 민요조 가락의 주종이다. 4·4조의 정형시를 시도해봄은 민요회복의 가능성을 살려보려는 나름

의 노력의 소산이다. 「섬진강 7」「섬진강 14」「쟁기질」「시는 서울서 쓰고 사는 건 우리가 살고」「밥값」「너무나 그리들 말더라고」 같은 시편들이 4·4조 가락의 실험시인데 한결같이 풍자나 고발의 성격을 강하게 띠고 있는 것이 특징이다.

그보다 산문시 「섬진강 4」「섬진강 9」나 「섬진강 16」이 오늘의 농촌모습을 파악하는 데는 훨씬 시사적이다. 누님의 초상이 대변하는 아름답고 슬픈 세월, 우리들의 땅이신 어머님이 지키는 농촌의 정든 이름들이 구로동·성남·신길동·명동의 낯선 이름들과 엇갈리며 떠나가도 섬진강 물소리는 한번 큰 숨소리로 뚝 그쳤다가 힘겹게 이어질 것이다.

몇가지의 두드러진 실험에도 불구하고 용택형은 이제 삶이 그대로 함께 어우러진 전형적인 농촌의 서정시인이다. 그러기에 나는 오늘의 황폐한 농촌현실을 실감있게 증언한 어느 시편 못지않게 그의 탁월한 서정성을 확인하는, '겨울, 사랑의 편지'라는 부제가 붙은 「섬진강 15」를 감동있게 음미한다. 우리 시대의 토박이가 보내는 사랑의 노래를 이 땅의 깨어있는 뭇여성에게 소개한다. 다가오는 새해에는 부디 형처럼 바보스런(?) 형수님을 맞이하도록 바라는 아우의 간절한 소망으로.

산 사이
작은 들과 작은 강과 마을이
겨울 달빛 속에 그만그만하게
가만히 있는 곳

사람들이 그렇게 거기 오래오래
논과 밭과 함께
가난하게 삽니다.
겨울 논길을 지나며
맑은 피로 가만히 숨 멈추고 얼어 있는
시린 보릿잎에 얼굴을 대보면
따뜻한 피만이 얼 수 있고
따뜻한 가슴만이 진정 녹을 수 있음을
이 겨울에 믿습니다.
달빛 산빛을 머금으며
서리 낀 풀잎들을 스치며
강물에 이르면
잔물결 그대로 반짝이며
가만가만 어는
살땅김의 잔잔한 끌림과 이 아픔
땅을 향한 겨울풀들의
몸 다 누인 이 그리움
당신,
아, 맑은 피로 어는
겨울 달빛 속의 물풀
그 풀빛 같은 당신
당신을 사랑합니다.

후기

온갖 수난과 박해 속에서도 농사꾼으로 아름답게 살다 가신 우리 아버지, 나는 그분을 가장 역사적인 삶으로 일관해 오신 분으로 생각한다. 나는 평생을 몸부림으로 살아도 그분의 삶 한 끄트머리에도 닿지 못할 것이다.

숨이 컥컥 막히는 불볕 속에서 땀을 팥죽같이 흘리며 태양 속에 일과 함께 들어가셨다가 집에 오실 때면 얼굴이 팅팅 부었어도 쉴 때면 허리가, 온 삭신이 아프시다며 한참을 쉬지 않으시는 우리 어머니, 이 글들은 그분들께는 참으로 하찮은 이야기이다. "시가 다 뭣이다냐, 고것이 뭐여, 뭔 소용이여" 하시는 어머님의 물음은 곧 내 물음이 되어 우리 땅을 향한 내 채찍이 되어 나를 늘 후려쳐 피 흘리게 한다. 동네 사람들에게 인정 많으시고 쾌활하시며 매사에 거침새가 없고 사람들간에 허심탄회하신 마음의 정갈하심, 끝없이 삶에 대해 낙천적이신 어머님은 내 나머지 삶의 지침이 될 것이다.

이 글을 묶어준 창작과비평사에 큰절 드리며 그동안 이런 저런 도움을 준 이시영형을 이 자리에서 잊을 수 없다.

1985년 1월
섬진강변 작은 마을에서
김용택